Reiseregionen im Überblick

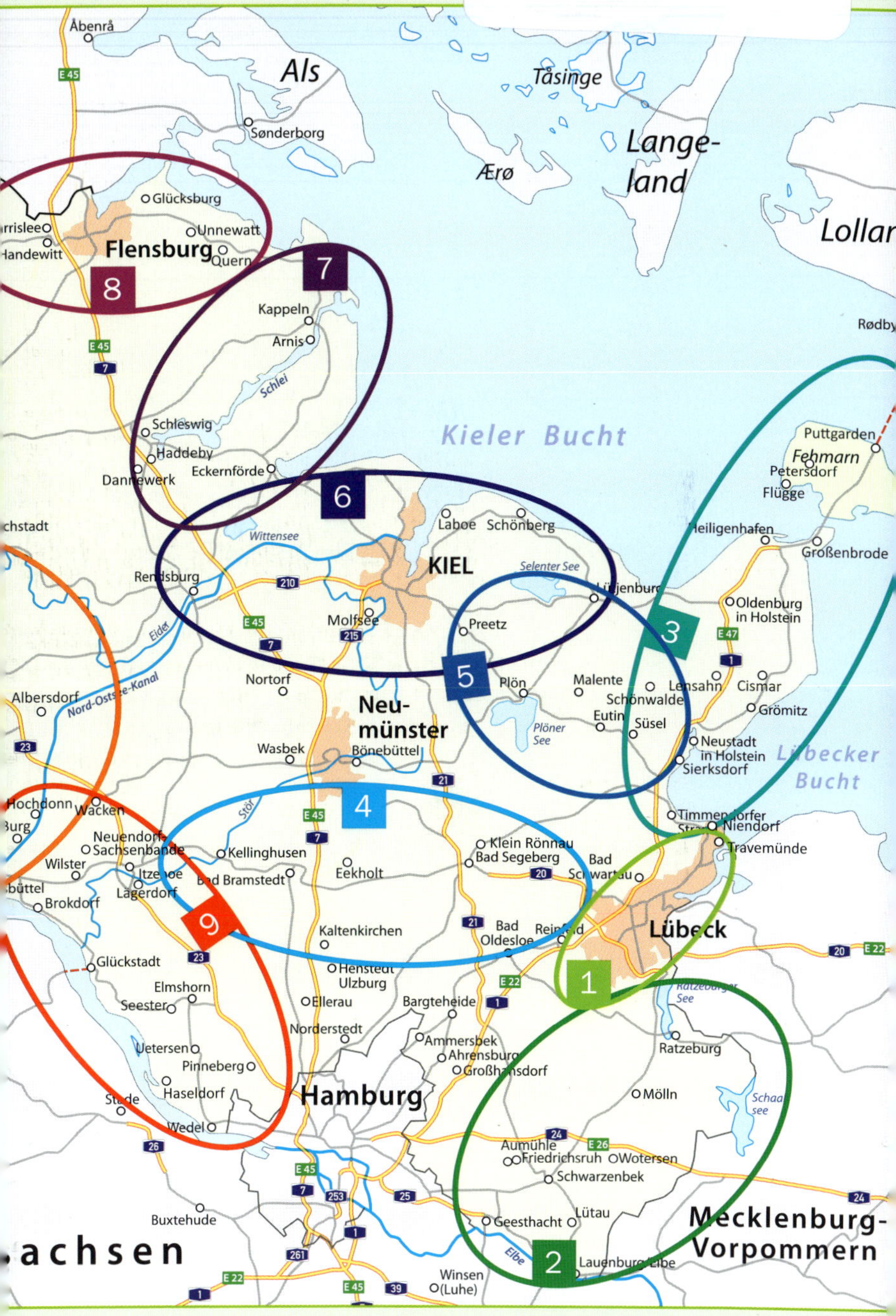

Rainer Stephan

Reiseführer

WUNDERvolles Schleswig-Holstein

steffen verlag

3 Die Ostseebäder von Niendorf bis Fehmarn

4 Bad Segeberg und die Mitte Holsteins

5 Die Holsteinische Schweiz

6 Kiel und der Nord-Ostsee-Kanal

7 Die Schlei-Region

8 Rund um Flensburg

9 Die Marschlande entlang der Elbe

10 Dithmarschen und das Wattenmeer

Schleswig-Holstein – so viel mehr als Meer

Sand und Strand und Wasser – wer nur in den Norden fährt, um sich in die Sonne zu legen, der hat Schleswig-Holstein noch gar nicht gesehen. Nicht die kleinste Fähre Deutschlands und nicht den nördlichsten Skilift. Nicht die meistbefahrene Wasserstraße der Welt und nicht den tiefsten Punkt, den Deutschland an Land zu bieten hat. Der hat jene Meisterwerke früher Ingenieurskunst nicht entdeckt, die den Nord-Ostsee-Kanal in schwindelerregender Höhe überqueren. Dem bleibt ein »Amazonas des Nordens« ebenso verborgen wie die umfangreichste Eulensammlung, die ein europäischer Tierpark zu bieten hat. Und der »Fluch von Novgorod« hat ihn auch nicht ereilt. Er ist nicht auf Schienen gesegelt und hat nicht im Baumwaggon-Hotel übernachtet. Er hat die Stadt nicht gesehen, die einen Narren als berühmten Einwohner schätzt, und nicht die Eilande, von denen bei Sturmflut nur noch die Häuser aus dem Wasser schauen. Der war nicht radeln auf den Spuren der Missionare und nicht paddeln auf dem Heiligen Fluss der Slawen. Der ist keinen Moorleichen begegnet und keinen Wikingern.

Noch viel mehr gibt es zu erkunden auf einer Reise durch Schleswig-Holstein: Die nördlichste Schweiz Deutschlands und ein großes Waldgebiet, das einst einem Politiker zum Geschenk gemacht wurde. Ein Theaterfiguren-Museum mit einer faszinierenden Sammlung aus aller Welt. Und natürlich viel Historie in mittelalterlichen Stadtkernen.

Grund genug für eine Entdeckungsreise durch den Hohen Norden Deutschlands, der so vieles Einzigartige birgt.

Lübeck: Obertrave mit Petri- und Marienkirche

Lübeck und Travemünde

Lübeck – das ist vor allem in Stein gemeißelte Geschichte auf knapp zwei Quadratkilometern. So groß ist die Altstadtinsel, ein weitgehend erhaltenes Stück Mittelalter. Auch wenn Lübecks Zeit als »Königin der Hanse« schon ein gutes halbes Jahrtausend zurückliegt, viele Bauten wie die monumentalen Backsteinkirchen, das Rathaus oder die zahlreichen alten Bürgerhäuser erinnern bis heute an glorreiche Vergangenheit. Im Stadtkern mit seinen vielen Gässchen und Gängen geht es heute allerdings eher beschaulich zu. Der Seehandel findet weit vor den alten Stadtgrenzen statt, meist am Skandinavienkai, dem größten Fährhafen Europas. Lübecks Zentrum liegt rund 20 Kilometer von der Ostsee entfernt, hat aber einen eigenen Stadtteil am Meer, der als schönste Tochter der Stadt gilt: das Seebad Travemünde.

Weltkulturerbe – Die geadelte Altstadt Lübecks

LÜBECK. Goldene Hanse-Zeiten haben Lübeck geprägt. Ein Teil der Gebäude stammt noch aus dem Mittelalter, und die alten Giebelhäuser zeigen: Hier war das Geld zu Hause. Die Kaufleute verewigten sich im Stadtbild mit ihren mächtigen Handelshäusern. In manchen sind noch die hohen Dielen erhalten, wo früher die Wagen einfuhren und in abgetrennten Kabäuschen mit akkurater Schrift die Ladungen ins Lagerbuch notiert wurden. Sinnbild von Macht und Reichtum ist auch das Rathaus. Schon um 1230 wurde mit dem Bau begonnen, damit ist es das älteste Schleswig-Holsteins. Mit der Stadt und ihrer Bedeutung wuchs auch das Rathaus, über Jahrhunderte wurden ihm immer neue Flügel angebaut.

Alte Kaufmannshäuser in der Altstadt

An der Obertrave

1987 adelte die UNESCO Lübecks Altstadt als Weltkulturerbe der Menschheit. Sie ist noch zum großen Teil in ihrer mittelalterlichen Struktur erkennbar – mit den Vierteln der Kaufleute, der See- und der Binnenschiffer, der Handwerker. Auch mit den kleinen engen Straßen und Gassen. Alles ist gut zu Fuß zu erreichen. Gerade anderthalb Kilometer liegen zwischen Dom und Burgkloster, dem südlichen und nördlichen Randpunkt der Altstadtinsel. Sie gehören zu den sehenswerten Bauten aus der Gründerzeit an der Trave. Für den Dom legte schon 1173 Heinrich der Löwe den Grundstein, das mehrfach umgebaute Burgkloster stammt aus dem 13. Jahrhundert. Gleich daneben steht das einzige neben dem Holstentor erhaltene Stadttor, das Burgtor aus dem Jahre 1444 und es ist das einzige als solches noch genutzte. Hier muss durch, wer von Norden ins Zentrum will. Auf der kleinen Altstadtinsel – 1,5 Kilometer lang, einen Kilometer breit – bündelt sich das öffentliche Leben der Stadt. Hier sind die Theater und die Kinos beheimatet, von einer beeindruckenden Kneipendichte ganz zu schweigen. In manch gastlicher Stätte wurde schon vor Jahrhunderten fröhlich gezecht, so im Gebäude der Schiffergesellschaft aus dem Jahre 1535.

Winterstimmung am Fluss

i Tourist-Information:
Holstentorplatz, 23552 Lübeck,
Tel. 0451-8 89 97 00,
www.luebeck-tourismus.de

Top ➠ Gänge und Höfe – Mittelalter in der Neuzeit

LÜBECK. Charakteristisch für Lübeck sind winzige Durchgänge durch Giebelhäuser, die zu kleinen Gassen führen, sogenannten Gängen, sozusagen die Hinterhöfe der Stadt. Nur schöner. Einst als Wohnstätten für die Armen errichtet, mutierten die Häuschen im Schatten der großen zu begehrten Wohnquartieren mitten im Zentrum und doch ruhig und abgelegen. Früher gab es um die 300 dieser Gänge, ein knappes Drittel hat die Jahrhunderte überdauert. Inzwischen sind sie etwas ausgelichtet, im Mittelalter jedoch konnten sich die Bewohner tatsächlich von Fenster zu Fenster die Hand reichen. Manch Gangname erinnert bis heute an die, die hier ihr Handwerk verrichteten: Im Branntweinbrenner Gang wurde Hochprozentiges hergestellt. Durch den Garbereiter Gang wehte der Geruch von Gekochtem und Gebratenem. Und im Knochenbrecher Gang schlugen kräftige Gesellen essbare Tiere entzwei. Heute sind die Handwerker zumeist ausgezogen, und im Branntweinbrenner Gang wird das mehr oder minder edle Getränk nur noch konsumiert. Wenn auch ein Teil der Gänge inzwischen mit Tür oder Tor versperrt ist, so gibt es noch eine ganze Reihe, die offen sind für Besucher, so der Hellgrüne und der Dunkelgrüne Gang zwischen Engelswisch und An der Untertrave oder das Gängeviertel nahe dem Dom. Auch jenseits der Touristenrouten ist manch Kleinod hinter den schmalen Durchgängen zu entdecken.

Einige der Höfe haben recht beachtliche Ausmaße, beispielsweise der Füchtingshof, dessen Name auf einen früheren Lübecker Ratsherren zurückgeht. Jener verfügte, dass ein Teil seines nicht unbeträchtlichen

Grüne Idylle im Rosengang

nächstes mal X

Vermögens »zum Nutzen der Armen zu verwenden sey«. Was in diesem Fall vor allem Schifferwitwen waren, die in den Wohnungen des Füchtingshofes ihren Lebensabend verbringen durften. Der Hof kam zu Anfang des vergangenen Jahrhunderts auch zu cineastischen Ehren. Wilhelm Murnau drehte hier Szenen für seinen Film »Nosferatu – eine Sinfonie des Grauens«. Das Grauen hat sich verzogen – der Füchtingshof ist heute einer der schönsten Orte der Stadt.

Ganz in Gelb: der von Hoeveln Gang

i Füchtingshof, Glockengießerstraße 23–27, 23552 Lübeck

i Hellgrüner Gang, Engelswisch 28, 23552 Lübeck

Mann, Brandt, Grass – Stadt der drei Nobelpreisträger

LÜBECK. Welche Stadt in dieser Welt kann schon von sich behaupten, drei Nobelpreisträger innerhalb ihrer Mauern beherbergt zu haben. Wenn auch nicht zur gleichen Zeit. Als Willy Brandt auf dem Johanneum die Schulbank drückte, war Thomas Mann schon weg. Und als Günter Grass in den 1990er Jahren die Hansestadt als sinnstiftende Arbeitsstätte entdeckte, weilte auch die SPD-Ikone Brandt schon lange nicht mehr hier. Aber es sind diese drei Geistesgrößen, die die Stadt prägten. Und jeder von ihnen ist in Lübeck ein Haus gewidmet, in dem ihr Wirken gewürdigt wird. Zwei der Häuser sind nach ihnen selbst benannt, das dritte, das Buddenbrookhaus, nach dem bekanntesten Werk von Thomas Mann. Dort ist auch sein Bruder Heinrich vertreten, der, allerdings nicht bedacht vom Nobelpreiskomitee, mit dem »Untertan« ein Werk von bleibendem Wert schuf, das wie die »Buddenbrooks« Lübeck zum Spielort hat.

Thomas Mann

Willy Brandt

Günter Grass

Das Denkmal, das Thomas Mann seiner Heimatstadt mit diesem Roman gesetzt hatte, sahen viele seiner Zeitgenossen als nicht eben schmeichelhaft an – vor allem, wenn sie sich darin wiederentdeckten –, aber mit den Jahren machte Lübeck damit natürlich seinen Frieden. Die werbende Wirkung ist schließlich unverkennbar, auch wenn die »Buddenbrooks« heute nicht mehr zur Lieblingslektüre nachwachsender Generationen zählen.

Das Willy-Brandt-Haus

Willy Brandt, der Friedensnobelpreisträger, verbrachte seine Jugend in Lübeck, bevor er nach Norwegen emigrierte. Der Hansestadt blieb er nach Kriegsende nur durch Besuche verbunden. Er zog schnell nach West-Berlin, wo er in den Krisenzeiten des Mauerbaus Regierender Bürgermeister war. Das Willy-Brandt-Haus in Lübeck dient seit 2007 als Gedenk- und Forschungsstätte.

Vor dem Günter-Grass-Haus

Günter Grass ist zwar eigentlich in Behlendorf am Elbe-Lübeck-Kanal einige Kilometer weiter südlich zu Hause, aber in Lübeck hat er sein Arbeitsatelier, im nach ihm benannten Haus, das mehr ist als ein Literaturmuseum. Dies würde Grass auch nicht gerecht, dessen künstlerisches Universum sich nicht nur zwischen Buchdeckel pressen lässt. Hier sind sowohl Grass'sche Plastiken als auch seine Radierungen und Lithographien ausgestellt. Das Grass-Haus ist zudem Begegnungsstätte verschiedener Künste und Künstler.

i Willy-Brandt-Haus, Königstraße 21, 23552 Lübeck, Tel. 0451-1 22 42 50, www.willy-brandt.de, Öffnungszeiten: Jan.–März täglich 11–17 Uhr, April–Dez. 11–18 Uhr

i Günter-Grass-Haus – Forum für Bildende Kunst und Literatur, Glockengießerstraße 21, 23552 Lübeck, Tel. 0451-1 22 42 30, www.guenter-grass-haus.de Öffnungszeiten: Jan. bis März Di–So 11–17 Uhr, April–Dez. täglich 10–17 Uhr

Buddenbrookhaus und Speicher – Spuren der Manns

LÜBECK. Die Buddenbrooks waren nur eine fiktive Familie, wenn auch mit realem Vorbild. Inzwischen jedoch haben sie eine ladungsfähige Adresse in Lübeck: Buddenbrookhaus, Mengstraße 4. Das Gebäude war zeitweise das Wohnhaus der Manns und ist heute ein Literaturmuseum, das mit Leben und Werk der Dichter-Brüder Thomas und Heinrich vertraut macht. Vom alten Mannschen Haus ist allerdings nur noch die barocke Fassade erhalten, es wurde 1942 beim Bombenangriff auf Lübecks Altstadt zerstört. Dahinter wurde ein neues Haus errichtet. Beim vorerst letzten großen Umbau 1999/2000 kehrten auch die Buddenbrooks zurück. Nicht leibhaftig, aber es zog die Buddenbrooksche Atmosphäre ein, etwas plüschig, wie es halt Mode war zu den Zeiten der großen Lübecker Kaufleute. Das »Landschaftszimmer« und das »Götterzimmer« sind so aufgebaut, wie sie Thomas Mann beschrieben hat: »Idylle im Geschmack des 18. Jahrhunderts, mit fröhlichen Winzern, emsigen Ackersleuten, nett bebänderten Schäferinnen, die reinliche Lämmer am Rande spiegelnden Wassers im Schoße hielten ...« Auch das trug dazu bei, dass das Haus heute eines der bekanntesten Literaturmuseen Deutschlands ist.
Während das Buddenbrookhaus eher ein Neubau ist, gibt es ein Gebäude in Lübeck, das noch weitgehend so ausschaut wie zu jener Zeit, als es im Besitz der Familie Mann war: der Getreidespeicher »Die Eiche« nahe dem Ufer der Trave. Getreide wird hier zwar schon einige Jahrzehnte nicht mehr gelagert, dafür können sich Besucher in dem siebenstöckigen Gebäude aus dem Jahre 1873 umschauen und die riesigen wuchtigen

Das Buddenbrookhaus in der Mengstraße

Ehemals Mann'scher Speicher, jetzt Auktionshaus »Die Eiche«

Eichenbalken bewundern, die die einzelnen Etagen tragen. Als öffentliches Museum dient es allerdings nicht, »Die Eiche« ist heute ein Auktionshaus, bis unters Dach voller Antiquitäten, die manchmal auch ein wenig Buddenbrook'sches Flair verströmen.

i Buddenbrookhaus Heinrich-und-Thomas-Mann-Zentrum, Mengstraße 4, Tel. 0451-1 22 41 90, www.buddenbrookhaus.de
Öffnungszeiten: Jan.–März täglich 11–17 Uhr, April–Dez. 11–18 Uhr

i Auktionshaus »Die Eiche«, An der Untertrave 34, www.auktionshausdieeiche.de
Öffnungszeiten: Di–Fr 10–18.30 Uhr, Sa 10–14 Uhr

Holstentor – Bekannt in ganz Deutschland

LÜBECK. Es gab Zeiten, da trug man das Holstentor in der Tasche. Es zierte seit Ende der 1950er Jahre den 50-Deutsche-Mark-Schein und sollte, so befand damals die Bundesbank, den »deutschen Bürgerstolz« symbolisieren. 1991 war der Bürgerstolz nicht mehr so recht gefragt, weshalb es schnöde abgelöst wurde von der Würzburger Residenz und der Abteikirche Neresheim.

Allerdings war es in der ehrwürdigen Hansestadt zuweilen auch nicht weit her mit dem Bürgerstolz. Gerade eine einzige Stimme bewahrte das historische Bauwerk 1863 vor dem Abriss. Die knappe Hälfte der Bürgerschaft hielt den damals immerhin schon rund 400 Jahre alten Doppelturm für verzichtbar. Er war auch in recht ruinösem Zustand, und als Stadttor hatte er ausgedient.

Lübeck stand noch in später Blüte, als man es errichtete. Es war Bestandteil einer gigantischen Befestigungsanlage. In der Stadt lagerte manch Reichtum, und der Bürger teilte ungern mit ungebetenen Gästen. Weshalb man später noch ein Vortor und eine wuchtige Bastion zwecks Verteidigung baute. Das Vortor allerdings fiel im 19. Jahrhundert dem technischen Fortschritt zum Opfer: Auf seinem Gelände entstand der erste Lübecker Bahnhof. Die Bastion war da schon längst eingeebnet.

Heute ist das Holstentor das wohl bekannteste deutsche Stadttor aus dem späten Mittelalter. Das ehrwürdige Gebäude hinter den bis

Das Holstentor von der Außenseite

X noch innen ansehen

Alte Kanone im Museum

Modell der alten Stadt

zu dreieinhalb Meter dicken Mauern beherbergt das Holstentormuseum, in dem der Besucher in die Zeit geführt wird, als Lübeck ein Zentrum des Fernhandels war. Wer sich dort ins vermeintlich goldene Mittelalter zurückwünscht, wird schnell auf den Boden eher düsterer Tatsachen zurückgeholt: Gleich nebenan stehen Streckbank und Brenneisen für die eher rustikalen Verhörmethoden früherer Rechtsprechung.

i Holstentormuseum, Holstentorplatz, 23552 Lübeck, Tel. 0451-1 22 41 29, www.museum-holstentor.de, Öffnungszeiten: Jan.–März Di–So 11–17 Uhr, April–Dez. täglich 10–18 Uhr

Backstein-Monumente – Sieben Kirchen, sieben Türme

LÜBECK. Ist doch logisch, mag man meinen: Wo sieben Kirchen sind, gibt es auch sieben Türme. Lübeck ist anders. Die sieben Türme verteilen sich auf nur fünf Kirchen. Eine – die Katharinenkirche und heute Museum – hat gar keinen, eine weitere – die katholische Herz-Jesu-Kirche – einen so niedrigen, dass er in der Stadtsilhouette nicht auszumachen ist. Damit es trotzdem sieben werden, haben Dom und Marienkirche jeweils gleich zwei Türme. Diese beiden Monumentalbauten aus dem frühen Mittelalter waren auch Zeichen für die Spannungen zwischen weltlicher und geistlicher Macht. Während der Dom ab dem 12. Jahrhundert Sitz des Bischofs war, stand die Marienkirche für das selbstbewusste Bürgertum der aufstrebenden Stadt. Dafür war das Beste gerade gut genug. Nicht nur, dass ihre Türme gegenüber denen

Turm der Jakobikirche

Blick von St. Petri auf Marienkirche und Markt mit Rathaus

des Doms dem Himmel elf Meter näher sind – das riesige Backsteingewölbe ist noch heute mit seinen 38,5 Metern das höchste der Welt und Zeichen von Macht und Reichtum der Lübecker Bürger. Beide Gotteshäuser wurden im Zweiten Weltkrieg schwer beschädigt und später wieder aufgebaut. Als Mahnmal liegen auf dem Boden einer Kapelle unter dem Südturm der Marienkirche, so wie sie 1942 beim Brand herabgestürzt waren, zwei geborstene Glocken. Wer schwindelfrei ist, kann sich bei einer Führung hinter die Kulissen des Kirchenbaus das Gewölbe von St. Marien von oben beschauen. Gut zu Fuß muss er allerdings auch sein, es geht schließlich über zahllose Stufen und steile Leitern hoch hinaus. Deutlich leichter ist der Weg auf den Turm der Petrikirche. Dort gibt es in 50 Meter Höhe eine Aussichtsplattform, und dahin bringt ganz bequem ein Fahrstuhl. Für den Blick, der sich über die Altstadt und das umliegende Land bietet, wäre aber auch kein Aufstieg zu mühsam. In allen drei Kirchen finden regelmäßig Konzerte und Kulturveranstaltungen statt. Der Vollständigkeit halber: Die beiden fehlenden Türme gehören zur Jakobi- und zur Aegidienkirche.

Alle Backstein-Kirchen sind einen Besuch wert, der Weg von einer zur nächsten ist nicht weit. Es gibt Kunstschätze zu bewundern, deren Ruf weit über Lübeck hinausgeht, so das berühmte Triumphkreuz von Bernt Notke im Dom aus dem Jahr 1477.

i Marienkirche, Marienkirchhof, 23552 Lübeck, Tel. 0451-7 73 91,
www.st-marien-luebeck.de
Öffnungszeiten: April–3. Okt. täglich 10–18 Uhr, 4. Okt.–Ende Okt. 10–17 Uhr, Nov.–März 10–16 Uhr
Führungen April–Dez. Sa 15.15 Uhr, letzter Sa im Monat zusätzlich 20.30 Uhr, Juni–Sept. auch Mi 15.15 Uhr

i Dom, Mühlendamm 2-6, 23552 Lübeck, Tel. 0451-7 47 04,
www.dom-zu-luebeck.de, Öffnungszeiten: siehe Marienkirche

i Petrikirche, Am Petrikirchhof 1, 23552 Lübeck, Tel. 0451 39 77 30,
www.st-petri-luebeck.de, Turmöffnungszeiten: April–Sept. täglich 9–21 Uhr, Okt.–März 10–19 Uhr

Der Teufel von St. Marien

Als die Lübecker sich anschickten, die Kirche St. Marien zu bauen, kam eines Tages der Teufel vorbei. »Was baut ihr hier?«, fragte er. »Ein Wirtshaus«, antworteten die Bauleute, wohl ahnend, dass ein Hort des Trunkes eher Anklang finden würde als einer des Glaubens. Der Teufel war's zufrieden. Als der Bau aber fast vollendet war, schwante ihm, dass hier ein Gebäude mehr für Altar als für Tresen im Entstehen war und wollte es mit einem Felsblock zerstören. Die Lübecker aber trösteten ihn damit, dass gleich nebenan ein Wirtshaus entstehe: der Ratskeller. Da ließ der Teufel den Stein fallen und ging hinfort. Der mehrere Meter lange Granitblock blieb liegen. Bis heute. Seit 1999 ist auch der Teufel wieder da. Nicht leibhaftig, aber dauerhaft, weil in Bronze gegossen, sitzt er auf seinem Stein.

Stadtbibliothek – Gedrucktes in historischen Sälen

LÜBECK. Die Lübecker Stadtbibliothek ist nicht nur eine Büchersammlung, obwohl sie sich mit ihren 1 080 000 Bänden durchaus sehen lassen kann. Mit ihren knapp 400 Jahren gehört sie zu den ältesten Stadtbibliotheken Deutschlands. Eines aber ist deutschlandweit einmalig – sie residiert in Gebäuden aus sieben Jahrhunderten. Der älteste Saal aus der Mitte des 14. Jahrhunderts diente den Franziskanern der benachbarten Katharinenkirche zum Nächtigen. 1618 jedoch wurden die Schlafpritschen gegen kunstvolle eichenhölzerne Regale ausgetauscht. Seitdem ruhen hier Bücher. In alten Sälen und Magazinen stapeln sich Werke aus weit mehr als einem halben Jahrtausend. Darunter sind frühe Handschriften aus Zeiten, als noch die Mönche ihren Schlafsaal bewohnten und man die fein ziselierte Handschrift schätzte. Wer etwas Geschriebenes in Umlauf bringen wollte, der musste es damals abschreiben – oder jemanden kennen, der das tat.

Schätze im historischen Scharbau-Saal

Weit mehr als 100 000 Bände umfasst der Altbestand der Bibliothek, und das, obwohl im Zweiten Weltkrieg viele wertvolle Bücher erst in

Bergwerksstollen ausgelagert und dann als Beutekunst in die Weiten der Sowjetunion abtransportiert wurden. Vieles ist dort bis heute verschollen.

Kunstvolle Deckenmalerei

Monatlich gibt es Führungen durch die historischen Räume. Tausende Jahrhunderte alte Bücher in ehrwürdigem Grau und Beige stehen in den Regalen, und wenn der Führer vorsichtig eines der Werke herauszieht, macht sich Ehrfurcht breit: Was er auf den Tisch legt, ist oft ein halbes Jahrtausend alt, in Leder gebunden, von Messingschnallen zusammengehalten. Ein kräftiger Schlag mit der Hand auf den Einband und die Schnallen springen auf. Daher übrigens stammt der Begriff »ein Buch aufschlagen«.

i Stadtbibliothek Lübeck, Hundestraße 5-17, 23552 Lübeck, Tel. 0451-1 22 41 14, www.stadtbibliothek.luebeck.de
Öffnungszeiten Mo–Fr 10–19 Uhr, Sa 9–13 Uhr; Führungen durch die historischen Säle und Bestände jeden ersten Mittwoch im Monat

St. Annen – Hort sakraler Kunst

LÜBECK. Schöner als im Lübecker Museumsquartier St. Annen kommen Raum und Exponat kaum einmal zusammen: Kunstvolle Flügelaltäre aus dem Mittelalter, geschnitzt oder gemalt, sind ausgestellt im Ambiente des einstigen Klosters St. Annen mit Kreuzgang, Remter und Refektorium. Werke von Hans Memling, Henning von der Heyde und dem Cranach-Schüler Hans Kemmer, einst für Lübecker Kirchen und Kapellen geschaffen, zählen zu den kostbarsten sakralen Schätzen in Norddeutschland. Das Erdgeschoss ist weitgehend so erhalten wie in jener Zeit, als hier noch die unverheirateten Töchter Lübecker Bürger untergebracht waren. Allerdings nicht lange: 1515 wurde der Bau vollendet, die Reformation besiegelte nur wenige Jahre später das Ende des Klosters, 1532 zog die letzte der Bewohnerinnen aus. Das Gebäude blieb, war Armenheim und Zuchthaus und ist nun seit einem Jahrhundert Museum. Die einzigartigen mittelalterlichen Altäre sind nur ein Teil der Sammlung. Das Museum ermöglicht auch einen Blick hinter die Mauern des Weltkulturerbes aus dem Mittelalter. Wie lebten einst die Bürger der Hansestadt, als sie noch in ihrer Blüte stand? Gut zwei Dutzend thematisch gestalteter Räume lassen den Besucher durch das private und geschäftliche Leben ihrer

Eingang zur modernen Kunsthalle

Bewohner schlendern. Von Repräsentation bis Hausmusik, Küche bis Kontor, Kleider bis Schlösser, Uhren bis Geschirr – ein spannender Blick hinter die Backsteinmauern der Giebelhäuser. Zahlreiche Schenkungen Lübecker Bürger, so die komplette St. Jakobi-Apotheke, trugen zu der Sammlung bei. Zum Museumsquartier gehört auch die Kunsthalle St. Annen, eine Sammlung moderner Kunst. Auf den Rudimenten der 1843 abgebrannten früheren Klosterkirche wurde ein neues Gebäude errichtet, das noch Formen des alten erkennen lässt, doch gänzlich neu ist und viel Raum und Licht für Ausstellungen lässt. Das war 2003 einen Architekturpreis wert.

i Museumsquartier St. Annen, St. Annen-Straße 15, 23552 Lübeck,
Tel. 0451-1 22 41 37, www.museumsquartier-st-annen.de
Öffnungszeiten: Jan.–März 11–17 Uhr, April-Dez. 10–17 Uhr

Marzipan – Leckerei mit Tradition

LÜBECK. Da stehen und sitzen sie nun, fast in Lebensgröße an langer Tafel: der frühere Lübecker Bürgermeister Jürgen Wullenwever, Kaiser Karl IV., der Schriftsteller Thomas Mann, der Modemacher Wolfgang Joop, der orientalische Kaufmann. Allen ist eines gemeinsam – sie bestehen aus der Mandel-Zuckermasse Marzipan. Darüber hinaus haben sie auch eine mentale Verbindung zu dieser Leckerei. So war der Buddenbrook-Autor ein bekennender Anhänger der süßen Versuchung und setzte ihr ein literarisches Denkmal als »Haremskonfekt«. Die im echten Lebensmittel modellierten Figuren zieren den Marzipan-Salon, ein kleines Museum im Hause der bekanntesten Lübecker Marzipan-Firma Niederegger. Hier wird die Geschichte der süßen Masse erzählt und auch

Marzipan pur – lebensgroße Figuren im Marzipan-Salon

mit der Legende aufgeräumt, dass Marzipan vor vielen Jahren in Lübeck während einer Hungersnot mangels Brot »erfunden« worden sei. Das soll 1407 gewesen sein. Aber für jenes Jahr ist nicht nur keine Hungersnot überliefert. Es ist gar nichts überliefert.

Das erste Marzipan wurde im Orient gekürt, wo sich Zucker und Mandeln trafen. Der persische Arzt und Philosoph Rhazes war wohl der erste, der die Mischung beschrieb und ihr sogleich heilsame Wirkung zuerkannte: »So man die Mandeln geschält mit weißem Zucker genießt, so vermehren sie das Rückenmark und das Gehirn und machen den Körper fett.« Das mit dem Rückenmark ist inzwischen in Vergessenheit geraten, in Letzterem liegt wohl mindestens ein Körnchen Wahrheit: Die leckere Speise hat reichlich Kalorien. Marzipan also ist keine Lübecker Erfindung. Die Produktion indes konnte sich hier etablieren, weil in der mittelalterlichen Handelsmetropole die Rohstoffe für das süße Produkt umgeschlagen wurden. Mandeln und auch der Zucker kamen einst aus wärmeren Gefilden, daher, wo Zuckerrohr gedieh.

Heute produzieren mehrere Firmen Lübecker Marzipan. Eigen ist ihnen allen: Das Produkt besteht – neben etwas Rosenwasser – aus mindestens 70 Prozent Marzipan-Rohmasse, nur 30 Prozent zusätzlichem Zucker. Was anderswo produziert wird, besteht oft nur aus einem – billigeren – Fifty-fifty-Mix.

i Marzipan-Salon & Café im Hause Niederegger, Breite Straße 89, 23552 Lübeck, www.niederegger.de

i Marzipan-Speicher, mit Café, An der Untertrave 97–98, 23552 Lübeck, www.marzipanland.de

Museumshafen – Alte Lastensegler und ein Nachbau

LÜBECK. Zwar nicht ganz am Meer gelegen, war Lübeck trotzdem stets eine Hafenstadt. Über Jahrhunderte machten Segel- und später Dampfschiffe am Ufer der Trave unterhalb der Stadt fest, löschten Stoffe, Getreide, Wein oder Baumaterial. Mit den Jahren wurden die Schiffe größer und die Häfen an der Altstadt zu klein. Die Frachter und Fähren legen heute weit vor den Stadtmauern an. Ein wenig Hafenatmosphäre ist aber mit dem Museumshafen erhalten geblieben. Im alten Holstenhafen an der Untertrave liegt noch ein Dutzend alter Frachtsegler. Der älteste, die Galeasse »Fridtjof«, stammt immerhin aus dem Jahre 1881. Daneben liegt der Gaffelschoner »Krikvig« von 1957 und der Besanewer »Johanne« sowie die beiden Schlepper »Titan« und »Rixdorf«. Auch ein alter Eimerkettenbagger namens »Wels« gehört zum Ensemble.

Das Feuerschiff »Fehmarnbelt«

Große Ausfahrt im Museumshafen

Im Sommer sind die historischen Segler oft mit Gästen auf großer oder auch kleiner Fahrt. Was stets ein lohnenswerter Ausflug ist: Zum einen für die Gäste, weil sie einmal hautnah echte harte Handarbeit auf einem historischen Schiff erleben und unter vollen Segeln auf See dahingleiten können. Zum anderen für die Eigner, weil es etwas Geld in die Kasse bringt für die aufwändige Erhaltung der historischen Segler.
Wer auf der anderen Wasserseite vor der Wallhalbinsel ein weiteres altes Schiff erspäht und »Oh, eine Hansekogge!« ruft, der hat doppelt Unrecht. Es ist keine Kogge, sondern eine Kraweel, und es stammt auch nicht aus der Hansezeit. Die »Lisa von Lübeck« ist deutlich jünger als die Schiffe im Museumshafen, erst 2004 wurde der Nachbau eines Seglers aus der Hansezeit in Dienst gestellt. Vor allem Jugendliche haben sie in fünf Jahren in einer ABM zusammengezimmert. Auch »Lisa von Lübeck« geht noch auf Fahrt, oft als Lübeck-Botschafterin zu den großen Seglertreffen im Ostseeraum. Unterhalten wird sie von dem gemeinnützigen Verein Gesellschaft Weltkulturgut Hansestadt Lübeck. Den benachbarten Liegeplatz hat eine weitere maritime Sehenswürdigkeit inne, das Feuerschiff »Fehmarnbelt«. Es wies bis 1984 im Fehmarnbelt Schiffen den Weg, dann wurde es außer Dienst gestellt. Seitdem gehört es einem Verein, der mit ihm noch regelmäßig unterwegs ist – auch mit Gästen.

i Museumshafen zu Lübeck e.V., Willy-Brandt-Allee 35, 23554 Lübeck, Tel. 0451-4 00 83 99, www.museumshafen-luebeck.org

i Gesellschaft Weltkulturgut Hansestadt Lübeck, Willy-Brandt-Allee 19, 23554 Lübeck, Tel. 0451-7 98 27 40, www.hanseschiff-luebeck.de

i Feuerschiff für Lübeck e. V., Hansahafen (Media Docks), 23554 Lübeck, Tel. 0451-7 60 68, www.fsfehmarnbelt.de
Besichtigung in der Regel mittwochs ab 17 Uhr möglich

Kogge und Kraweel

Die Kogge war über Jahrhunderte das klassische Handelsschiff der Hanse. Ein Einmaster mit großem Rahsegel, das hochseetauglich war, zumindest für damalige Verhältnisse. Zwischen 100 und 150 Tonnen Ladung konnten die Segler tragen. Davon entfiel allerdings ein Teil auf Kanonen, die in Zeiten früher Seeräuberei von Nutzen waren, sollte die Ladung auch an den Bestimmungsort gelangen. Mitte des 15. Jahrhunderts reichten die kleinen Schiffe nicht mehr aus und ein neuer Schiffstyp, die Kraweel, löste die Koggen ab. Grundlegend anders war der Aufbau der Schiffsrümpfe. Die Planken überlappten sich nicht mehr (»geklinkert«), sondern stießen glatt aneinander. Die Schiffe bekamen drei Masten, waren manövrierfähiger und konnten bis zu 400 Tonnen laden. Die »Lisa von Lübeck« ist der Nachbau einer Kraweel.

Kraweel und Kogge auf der Trave: »Lisa von Lübeck« (li.) und »Wissemara« (re.)

Theaterfiguren-Museum – Verstecktes Kleinod

LÜBECK. Ein wenig versteckt liegt in einer der kleinsten Straßen der Lübecker Altstadt, im nur 110 Meter langen Kolk, das Theaterfiguren-Museum. Hinter den Mauern mehrerer 400 Jahre alter Backsteinhäuser ist eine der größten Sammlungen von Figuren aus aller Welt zu sehen. 30 000 Exponate gehören insgesamt zum Museum, das auf die Sammlung Fritz Fey zurückgeht. Der NDR-Kameramann stammt aus einer Puppenspieler-Familie und sammelte auf zahlreichen Reisen Marionetten, Schattenfiguren, Dekorationen, Plakate und Musikinstrumente. 1000 sind in dem verwinkelten Bau zu entdecken.

Das Museum zeigt die ganze Vielfalt und Pracht des Figurenspiels in Europa, Afrika und Asien. Da gibt es kunstvoll geschnitzte Köpfe von Ma-

Historische Marionetten aus Sachsen …

… und aus Asien

rionetten aus Sachsen und Thüringen. Zu bewundern sind Marionetten und Masken aus Afrika, die in manch Voodoo-Zauber eine Rolle spielen. Aus Indien stammen farbenprächtige, auf Tierhaut gemalte Figuren für das dort seit Jahrhunderten geschätzte Schattenspiel. Handpuppen und Marionetten aus China sind ebenso vertreten wie eine Puppenbühne aus Usbekistan. Eines der prachtvollsten Exponate ist eine Handpuppenbühne aus Taiwan, kunstvoll geschnitzt und mehr als 150 Jahre alt. Das Museum ermöglicht einen Rundgang durch die Kulturgeschichte verschiedener Regionen und Zeitepochen. Das Puppenspiel mag heute nur noch ein Nischendasein führen, einst war es auf jedem Jahrmarkt präsent. Taschenlampen-Führungen im Museum lassen die Figuren und ihre Geschichten lebendig werden, ein wenig Grusel inbegriffen. Gleich nebenan im Figurentheater tritt nicht nur der Kasper, sondern zuweilen auch Theodor Storms Schimmelreiter oder Dichterfürst Goethe auf die Bühne.

i Theaterfiguren-Museum, Kolk 14, 23552 Lübeck, Tel. 0451-7 86 26, www.theaterfigurenmuseum.de, www.figurentheater-luebeck.de
Öffnungszeiten: April–Okt. 10–18 Uhr, Nov.-März 11–17 Uhr

Weihnachtsmärkte – Einzigartiges Flair vor dem Fest

LÜBECK. Zehntausende Skandinavier können nicht irren: Lübeck ist die Weihnachtsstadt des Nordens. Kommen sie doch übers Jahr nie so zahlreich wie dann, wenn Glühwein-geschwängerter Duft durch die ehrwürdigen Altstadtstraßen wabert, kleine und festlich geschmückte Buden alles noch ein bisschen enger zusammenrücken lassen. Die halbe Innenstadt ist dann Weihnachtsmarkt, aufgeteilt in einzelne Märkte, jeder ein bisschen anders, was auch das besondere Flair ausmacht. Der Markt auf dem Koberg ist ein wenig maritim angehaucht, mit einem großen Riesenrad als Magnet und Aussichtspunkt für den Blick auf das ganze Geschehen am Boden. In der Vorweihnachtszeit erwacht dieser wunderschöne Platz mit seiner historischen Kulisse von Heiligen-Geist-

Hospital, Jakobikirche und Schiffergesellschaft zum Leben wie sonst nur selten im Jahr.
Es locken die Breite Straße mit der großen Pyramide, der Platz mit dem Mittelaltermarkt und allerlei Gaukelei auf der Bühne zu Füßen der Marienkirche, die in der Dunkelheit noch wuchtiger wirkt als am Tage. Es ist eine kleine Reise in die Vergangenheit, wenn das Schmiedefeuer lodert und der Messerschleifer seine historischen Gerätschaften anwirft. Das Zentrum des vorweihnachtlichen Treibens ist der Markt am Rathaus mit seinen zahlreichen Verkaufsständen, mit Feuerzangenbowle und vielen Leckereien. Die – kleineren – Kinder kommen auf ihre Kosten gegenüber der historischen Salzspeicher auf dem Familienmarkt an der Obertrave. Dort erfreuen Eisbahn und Backstube, wo sich der Nachwuchs an selbst Zusammengerührtem unter fachkundiger Anleitung versuchen kann. Schneewittchen, der Gestiefelte Kater und andere Grimm'sche Figuren warten im Märchenwald auf Besucher – in 20 Häuschen, bewegt von alter handwerklicher Mechanik und wie aus einer anderen Welt.
Ein Rundgang über alle Märkte setzt Ausdauer voraus, aber Weihnachtsmarkt ist schließlich nur einmal im Jahr. Wer sich durchs Freiluftgeschehen gearbeitet hat, dem fehlen noch die eigentlichen Höhepunkte: die Kunsthandwerkermärkte in der Petrikirche und im Heiligen-Geist-Hospital. Dort wird Ware geboten, der man so schnell nicht wieder begegnet. Und das in einem einmaligen historischen Ambiente.

Lübeck in der Vorweihnachtszeit

i www.luebecker-weihnachtsmarkt.de

Heiligen-Geist-Hospital – Kunsthandwerk im Kabäuschen

LÜBECK. Rund zwei mal zwei Meter bleiben jedem Kunsthandwerker, um Schmuck, Textilien, Geschmiedetes oder Gedrucktes zu präsentieren. Bei so wenig Raum ist Kreativität gefragt. Aber größer sind die Kabäuschen im Heiligen-Geist-Hospital nun einmal nicht. Doch Platz ist in der kleinsten Hütte, bis 1970 verbrachten hier schließlich viele ältere Lübecker ihre letzten Jahre. Einer der hölzernen Verschläge zeigt noch die Einrichtung: ein Bett, ein Stuhl, ein Tisch, eine Waschschüssel – das musste reichen für den Lebensabend im Altenheim. Trotzdem, so sagt man, sei mancher der Bewohner nur unwillig ausgezogen, als nebenan

Das Heiligen-Geist-Hospital am Koberg

und auch in historischem Gemäuer das neue Altenheim mit modernen kleinen Wohnungen eingerichtet wurde. Es mag die besondere Aura dieses langen, hohen Raumes mit den niedrigen Holzkabäuschen gewesen sein, die mancher mit diesem Ort verbunden hat. Über einigen Türen stehen noch die Namen der letzten Bewohner.

Seit die letzten Senioren ihre Hüttchen verlassen haben, ziehen einmal im Jahr für elf Tage – immer über den Dezemberanfang – die Kunsthandwerker ein. Nicht nur in die Kabäuschen, auch in ein Kellergewölbe und in die Kirchenhalle am Eingang, deren monumentale Gewölbe sich aber erst wirklich erschließen, wenn die Verkaufsstände abgebaut sind. Dann zeigen sich die Wandgemälde in ihrer ganzen Pracht und Größe. Immerhin sind sie schon 700 Jahre alt, kaum jünger als das Gebäude selbst. Es gehört zu den beeindruckendsten Backsteinbauten der Hansestadt und zu den ältesten, um 1285 wurde es fertiggestellt als Spital für Kranke und Arme. Damit ist es auch eine der ältesten Sozialeinrichtungen Europas. Die Kabäuschen dienten genau 150 Jahre lang der Unterbringung der Alten. Vor 1820 lag man in Betten in Viererreihe im Langhaus – eine heute kaum noch vorstellbare Form der Geselligkeit.

Die prachtvolle Kirchenhalle des Heiligen-Geist-Hospitals

i Heiligen-Geist-Hospital, Koberg, 23552 Lübeck, Öffnungszeiten: während der Sommerzeit Di–So 10–17 Uhr, zur Winterzeit Di–So 10–16 Uhr, während des Weihnachtsmarktes täglich 10–19 Uhr

Seebad - Lübecks schönste Tochter

TRAVEMÜNDE. Es ist Lübecks Tor zur Welt – in Travemünde fahren an der Vorderreihe die großen Fähren aus Schweden, Finnland, Russland und dem Baltikum vorbei auf dem Weg vom benachbarten Skandinavienkai. Hier lässt sich den ganzen Tag über Schiffe gucken. Oder ein Stück weiter sich am breiten Sandstrand aalen. Oder flanieren auf der Promenade. Lübeck preist Travemünde gern als seine »schönste Tochter« … und billig war sie zudem. Für nur gut tausend Lübsche Mark wurde Travemünde schon 1329 von der Stadt erworben. Damals hatte man allerdings weniger die Schönheit denn die günstige strategische Lage an der Mündung der Trave im Blick. Der Erholungswert wird erst seit gut 200 Jahren geschätzt, 1802 wurde Travemünde Seebad.

Der Ort an der Mündung der Trave ist das ganze Jahr über gut besucht, aber im Juli erwacht er zu richtig turbulentem Leben mit der Travemünder Woche. Sie gilt – nach der Kieler Woche – als die zweitgrößte Regattaserie der Welt. Hier werden neben nationalen sogar Weltmeisterschaften in einzelnen Bootsklassen ausgetragen. Vor allem aber ist sie ein großes Volksfest mit rund einer Million Besuchern. Highlight ist die abendliche Lasershow rund um die Viermastbark »Passat«, die am gegenüberliegenden Traveufer auf der Halbinsel Priwall vor Anker liegt. Travemünde gilt zudem als das Gourmet-Mekka der ganzen Ostseeküste. Hier funkeln die Sterne des Guide Michelin. Immerhin wurden im La Belle Epoque drei Sterne erkocht. Diesen Olymp des edlen Speisens haben derzeit deutschlandweit gerade ein knappes Dutzend Köche erklommen. Höher geht's nicht. Obwohl sich im edlen Sylt mehr Sterne-

Travemündes Flaniermeile: die Vorderreihe

Im Columbia-Hotel kocht einer der besten Köche Deutschlands.

Hightech-Renner auf der Travemünder Woche

Köche tummeln, gibt es ein Restaurant mit drei Michelin-Sternen in ganz Schleswig-Holstein nur einmal – in Travemünde.

i Tourist-Information: Strandbahnhof, Bertlingstraße 21, 23570 Travemünde, Tel. 0451-8 89 97 00, www.travemuende-tourismus.de

i www.travemuender-woche.com

Seebadmuseum - Über Fischerdorf und Nobelort

TRAVEMÜNDE. Es waren zehn ehrbare Lübecker Bürger, die vor gut zwei Jahrhunderten den Grundstein legten für das erste Seebad Schleswig-Holsteins und zudem das dritte in Deutschland. Sie gehörten der noch heute in der Hansestadt existierenden Gesellschaft zur Beförderung gemeinnütziger Tätigkeit an. 1802 war Travemünde ein kleines Fischerdorf. Und auch danach stürmte das Volk nicht in Massen die Sandstrände. Zum einen war die Anreise recht beschwerlich – von Lübeck mit der Kutsche eine Tagesreise. Zum anderen war ans freie Baden im Meer nicht zu denken. Man mietete einen Badekarren, der ein paar Meter ins Wasser geschoben wurde und von dem aus es ein paar Stufen in die Ostsee hinabging. Frauen schützte zusätzlich eine Markise vor neugierigen Blicken. Wahlweise konnte der geneigte Badegast sich auch mit einer Schaluppe hinausrudern lassen, wo er dann in einen hölzernen,

Eingang zum Seebadmuseum im Gesellschaftshaus Travemünde

Heute ein Massenvergnügen: Baden am Travemünder Strand

mit Löchern versehenen Kasten stieg und sozusagen ein Wannenbad im offenen Meer nahm. Man trug hochgeschlossen, vornehmlich quergestreift, in den Farben der Saison wahlweise Schwarz- oder Blau-Weiß. Selbstverständlich wurde gebadet nach Geschlechtern getrennt – räumlich und auch zeitlich. Vormittags war Damenbad angesagt, erst am Nachmittag durften dann auch die Herren ins kühle Nass.
Der Besuch im Ostseebad galt als ein Privileg der Oberschicht. Wie eine alte gedruckte Badeliste aus dem Jahre 1854 zeigt: Da sind Baron und Comtesse, der »Kaiserl. Russische Hofrat« und der »Oldenburgische Hof-Componist« vertreten. In dem 2007 von einem Verein gegründeten Museum ist noch mehr zu erfahren von dem, was einst angesagt war im Prominentenbad. So gab es hier schon einmal einen U-Boothafen, einen Flughafen und sogar eine Pferderennbahn, über die zu den Derby-Tagen extra einen Pontonbrücke über die Trave gebaut wurde, um die Menschenmassen auf den Priwall zu befördern.

i Seebadmuseum, Torstraße 1, 23570 Travemünde, Tel. 04502-9 99 80 94, www.heimatverein-travemuende.de, Öffnungszeiten: Di–So 11–17 Uhr

Leuchtturm – Deutschlands ältestes Leuchtfeuer

TRAVEMÜNDE. Als der Leuchtturm von Travemünde gemauert wurde, fuhren zu seinen Füßen noch die Hansekoggen in die Trave ein. Nicht als Traditionsschiff! 1539 schwangen hier holländische Maurer die Kelle, um das gut 30 Meter hohe Bauwerk zu errichten. Travemünde hat damit den ältesten deutschen Leuchtturm vorzuweisen. Er hatte sogar noch einen Vorgänger, der mindestens seit 1330 – da wurde er erstmals schriftlich

Optische Täuschung: Das Maritim ist in Wirklichkeit höher als der Leuchtturm.

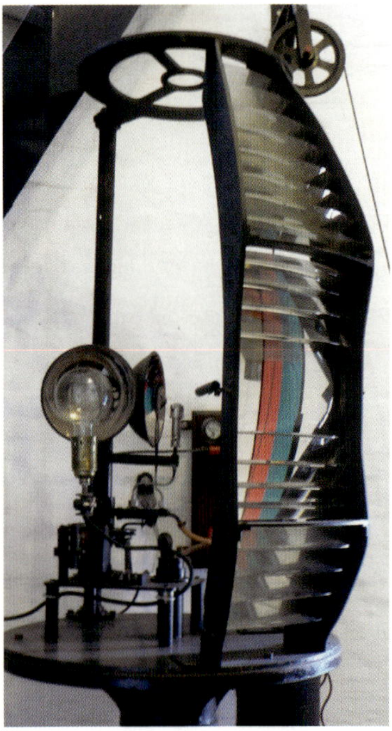

Historische Lampe im Turmmuseum

erwähnt – den Seeleuten heimleuchtete. Inzwischen hat der Alte Leuchtturm ausgeleuchtet. 1972 wurde das Hochhaus-Hotel Maritim gebaut und er stand nur noch im Hinterhof. Das Leuchtfeuer krönte wenig später das Hotel und leuchtet nun mit einer Lichtstärke von 69 000 Candela aus 114 Metern Höhe mehr als 30 Kilometer weit über die Ostsee. Zum Vergleich: Eine Kerze hat ein Candela, eine 100-Watt-Glühbirne 110 Candela.

Der alte Backsteinturm blieb als Aussichtsgalerie erhalten. Den schönen Blick allerdings muss man sich über 142 Stufen erlaufen. Doch gibt es unterwegs viel zu sehen. Auf acht Etagen wurde ein Museum rund um Leuchttürme und Feuerschiffe eingerichtet, das Schiffsmodelle und originale Laternen anderer Türme zeigt. Ganz oben steht noch die 1000-Watt-Lampe, die bis 1972 über die Ostsee strahlte. Gleich daneben geht es auf die Galerie, die einen Rundumblick über Travemünde, die Halbinsel Priwall und ein Stück Ostsee bietet. Ein bisschen schwindelfrei sollte der Besucher allerdings sein.

i Alter Leuchtturm Travemünde,
Am Leuchtenfeld 1,
23570 Travemünde,
Tel. 04502-88 91 80,
www.leuchtturm-travemuende.de
Öffnungszeiten: Ende März-Anfang November täglich 13-18 Uhr,
im Juli und August ab 11 Uhr

»Passat« – Legendärer P-Liner

TRAVEMÜNDE. Ein imposantes Segelschiff liegt vor der Halbinsel Priwall. Es ist die »Passat«, eine 1911 bei Blohm + Voss als Lastensegler gebaute Viermastbark. Sie gehört zu den legendären Flying P-Linern der Hamburger Reederei F. Laeisz. Diese waren damals das Nonplusultra des Segelschiffbaus: robust, schnell und sicher. Und immer mit einem Namen, der mit »P« begann. Die »Passat« trägt noch heute die traditionellen Laeisz-Farben: oberer Rumpf Schwarz, die Wasserlinie Weiß, das Unterschiff leuchtendes Rot.

Schon die Jungfernfahrt führte das Schiff um Kap Hoorn herum nach Chile; weitere 38 Fahrten um die unter Seeleuten gefürchtete Spitze Südamerikas folgten noch. Bis 1958 segelte das Schiff über den Atlantik, die letzten Jahre gemeinsam mit der »Pamir« – gleichfalls einem P-Liner – als Schulschiff für die Ausbildung des seemännischen Nachwuchses. Ein Schicksalsschlag besiegelte ihr Ende. Die »Pamir« ging in einem Hurrikan unter und mit ihr der größte Teil der Mann-

Die »Passat« fest vertäut am Priwall

Die Viermastbark vor einer der modernen Skandinavien-Fähren

Doppelsteuerrad auf der Viermastbark »Passat«

Holzskulptur »Fiete«, der letzte Matrose des Segelschiffes

schaft. Nur sechs Mann überlebten die Katastrophe. Ein halb zerschmettertes Rettungsboot kann man heute noch in der Lübecker Jakobikirche sehen, wo der Opfer in einer eigenen Kapelle gedacht wird.

Die »Passat« hatte danach keine Chance mehr als Schulschiff, zumal sie selbst kurz nach der Katastrophe in einem schweren Sturm starke Schlagseite bekam und sich nur knapp in den Hafen von Lissabon retten konnte.

Die Stadt Lübeck bewahrte das Segelschiff vor dem Schneidbrenner. Seitdem liegt es vor dem Priwall als Museumsschiff vor Anker. Die Masten ragen bis in eine Höhe von 57 Meter über Deck. Beeindruckend das mannshohe doppelte Steuerrad, an denen mehrere drehen konnten. Der holzgetäfelte Kapitänssalon zeigt, dass das Reisen an Bord recht komfortabel sein konnte. Aber nicht für alle: Die Matrosen nächtigten im stickigen Unterdeck in der Hängematte.

Ein Teil der Kabinen ist inzwischen umgebaut für Übernachtungsgäste – 102 Besucher können sich hier in die Kojen legen. Wer einmal in besonderer Umgebung den Bund fürs Leben schließen möchte, ist hier gleichfalls an der richtigen Adresse. Ein echter Kapitän besiegelt das.

i Viermastbark »Passat«, Am Priwallhafen 16, 23570 Travemünde,
Tel. 04502-99 97 28, www.ss-passat.com
Öffnungszeiten: April–Mitte Mai und Oktober täglich 11–16.30 Uhr,
Mitte Mai–Ende September 10–17 Uhr, im Sommer Führungen um 14 Uhr

Brodtener Steilufer – Schönster Wanderweg der Küste

TRAVEMÜNDE. Steil geht es hinab am Brodtener Ufer. Bis zu 20 Meter tiefer liegt der Strand unterhalb der Abbruchkante. Ein Wanderweg führt dicht am Abgrund entlang von Travemünde ins Nachbarseebad Niendorf. Von oben bietet sich bei klarem Wetter ein traumhafter Blick über die ganze Lübecker Bucht und auf die ein- und auslaufenden Fähren zu den Lübecker Häfen. Wer will, kann die vier Kilometer anschließend am Ufer auf Wasserspiegelhöhe wieder zurücklaufen. Dort wird er vielleicht Fossilien-Sammlern begegnen, die hier auf besondere Mineralien oder Donnerkeile hoffen. Dass daran der Vorrat nicht ausgeht, dafür sorgt die Ostsee. Das Ufer liefert schon seit Jahrhunderten nur noch Rückzugsgefechte. Einst war die Kante viel weiter draußen in der See, und auch jetzt geht Jahr für Jahr bis zu ein Meter Steilküste verloren. Der Wellenschlag besonders im Winter, wenn ein kräftiger Nordostwind weht, untergräbt die hohen Mauern aus Sand und verschiedenen Gesteinen. Irgendwann fehlt es dem Hang an Stabilität und Hunderte Tonnen rauschen auf einmal in die Tiefe. Wer oben auf dem Wanderweg – er gehört zum Ostseeküsten-Radweg und ist bei Radlern sehr beliebt – unterwegs ist, sollte die Warnschilder und Absperrbänder zu beachten. Aktiver Küstenschutz wird hier nicht betrieben, man lässt der Natur ihren Lauf. So muss der Weg immer weiter landeinwärts verlegt werden.

i www.brodtener-ufer.de

i www.brodten.de

Beliebter Wanderweg entlang des Brodtener Ufers

Das Meer nagt an der Steilküste und bringt auch große Bäume zum Absturz.

Der Ratzeburger Dom

Der Kreis Herzogtum Lauenburg

Herzöge regieren in Lauenburg schon eine ganze Weile nicht mehr, aber der Kreis hat sich die Erinnerung an seine wechselhafte Geschichte im Namen bewahrt. Hier findet man vor allem Natur und Erholung – im Naturpark Lauenburgische Seen oder dem größten zusammenhängenden Waldgebiet Schleswig-Holsteins, dem Sachsenwald. Daneben gibt es städtebauliche Perlen vergangener Zeit wie Mölln und den ersten Kanal Europas, der über eine Wasserscheide führte. Und hier wirkten bekannte Persönlichkeiten: Fürst Bismarck, Alfred Nobel … und Till Eulenspiegel.

Narretei – Till Eulenspiegels Zuhause

MÖLLN. Welche Stadt kann schon von sich behaupten, ihr berühmtester Bürger wäre ein Narr gewesen? Eigentlich ist das wenig schmeichelhaft. Es sei denn, der Narr heißt Till Eulenspiegel. Auf ihn ist Mölln stolz, auch wenn gewisse Restzweifel bestehen, dass sich einst alles so zugetragen hat mit ihm, wie es vor einem halben Jahrtausend zu Papier gebracht wurde. Auf jeden Fall lehnt ein gewichtiger Gedenkstein an der Mauer der ehrwürdigen St.-Nicolai-Kirche. Er erinnert an den Schalk, der der Legende nach 1350 in der Stadt gestorben ist. Bei der Beerdigung riss ein Seil und

Historisches Rathaus mit dem Museum für Stadtgeschichte

Eulenspiegelbrunnen am Markt

der Sarg polterte hochkant in die Grube. Glücklicherweise war das Seil am Fußende, so wurde er stehend begraben. Weil die Eulenspiegel-Geschichten so schön sind und fast jeder sie kennt, ist der Schalk überall in Mölln zu finden. Es gibt einen Eulenspiegel-Brunnen mit Bronzefigur auf dem Markt, ein Eulenspiegel-Museum, alle drei Jahre Eulenspiegel-Festspiele. Auch hat die Stadt einen eigenen Eulenspiegel unter Vertrag, der zuweilen mit seiner zweigezipfelten Kappe auftaucht und im wirklichen Leben herumscherzt.

Mölln ist jedoch auch jenseits der Narretei einen Besuch wert. Ein mittelalterlicher Stadtkern blieb erhalten mit sehenswerten alten Fachwerkhäusern, der Nicolai-Kirche und dem Rathaus aus dem Jahre 1373 – nach dem Lübecker das zweitälteste in Schleswig-Holstein. St. Nicolai beherbergt mit der Scherer-Bünting-Orgel eines der interessantesten Instrumente in Norddeutschland, dessen Ursprung fast 600 Jahre zurückreicht. Die Stadt war nicht arm in der Vergangenheit, was vor allem ihrer Lage an der Alten Salzstraße zuzuschreiben ist, auf der das Weiße Gold von Lüneburg nach Lübeck befördert wurde. Zunächst auf dem Landweg, später auf dem Stecknitzkanal. Mölln zog einst viele Kaufleute an, heute kommen die Kurgäste in großer Zahl, die Stadt ist Staatlich anerkannter Kneippkurort. Wasser ist reichlich vorhanden, eine Seenkette umgibt den Ort. Wer ausreichend Zeit mitbringt, kann mit dem Boot von hier über den Elbe-Lübeck-Kanal und die Trave bis auf die Ostsee fahren. Oder in der anderen Richtung bis zur Elbe.

Auch heute noch unterwegs: der Till der Neuzeit

i Tourist-Information: Am Markt 12, 23879 Mölln, Tel.04542-70 90, www.moelln-tourismus.de

Museum – Erheiternde Schalksgeschichten

MÖLLN. Es ist ein schönes altes Bürgerhaus, das Till Eulenspiegel beherbergt. Oder besser – sein Erbe. Nicht das materielle, da hat es wohl keines gegeben. Vermachte er doch der Stadt Mölln und ihren Bürgern nur eine Kiste voller Steine – steinreich sollten sie sein. Dies gilt als sein letzter Streich. Und damit sie ihm nicht noch kurz vor Lebensende an die Gurgel gingen, verfügte er, dass die Kiste erst vier Wochen nach seinem seligen Dahinscheiden im Jahre 1350 geöffnet werden durfte. Diese Geschichte erfährt der Besucher natürlich auch, nebst manchem bekannten und auch unbekannten Streich. Vor allem im Handwerk hatte sich der Schalk versucht, natürlich in einer für den Meister eher unkonventionellen Art. Weil er die Herren der Schmiede-, Bäcker- oder anderer Kunst stets wörtlich zu nehmen verstand, brachte dies kein Gesellenstück hervor, sondern mehr Verdruss, weshalb Eulenspiegel häufig den Wohnort wechseln musste.

Eulenspiegel-Museum im historischen Fachwerkhaus

Grabplatte des Narren an der Fassade von St. Nicolai

So zumindest erzählt es Hermann Bote, ein Braunschweiger Zollschreiber, der vermutlich als erster die Streiche des Narren in Buchform brachte (das Werk erschien damals anonym). Allerdings erst im 16. Jahrhundert, weshalb an Eulenspiegels Urheberschaft an sämtlichen Streichen nicht alle Zweifel ausgeräumt sind. Eulenspiegels Narreteien fanden weltweit Verbreitung. Im Museum sind viele der Schriften ausgestellt, dazu Figuren und Graphiken des Künstlers A. Paul Weber (siehe Seite 46), der sich immer wieder des Narren angenommen hatte.

i Eulenspiegel-Museum, Am Markt 2, 23879 Mölln, Tel. 04542-82 93 71, www.moellner-museum.de, Öffnungszeiten: Mai–Okt. Mo–Fr 10–13 und 14–17 Uhr, Sa–So 10–17 Uhr, Nov.–April Mo–Fr 14–16 Uhr, Sa–So 11–13 und 14–16 Uhr

Hellbachtal – Eiszeit als Landschaftsgärtner

MÖLLN. Südlich von Mölln erstreckt sich das Hellbachtal, eine der schönsten und ursprünglichsten Landschaften im Herzogtum Lauenburg. In ihm lässt sich ausgiebig wandern oder mit dem Fahrrad unterwegs sein. Während der Eiszeit vor rund 20 000 Jahren hinterließ ein schmelzender Gletscher das Tunneltal des Hellbach und eine ganze Reihe von Seen. Hier und in den angrenzenden Mooren und Feuchtwiesen wachsen seltene Pflanzen. Die Tour führt durch das Pinnautal, entlang von Schmalsee, Lütauer See und Drüsensee ins eigentliche Naturschutzgebiet mit seinen drei völlig unterschiedlichen kleinen Seen. Der nährstoffreiche Lottsee ist mit Wasserpflanzen schon weitgehend zugewachsen. Der nährstoffarme Krebssee als das genaue Gegenteil gilt mit einer Sichttiefe von bis zu sieben Metern als einer der klarsten Seen in Schleswig-Holstein. An seinem Ostufer gibt es eine kleine Badestelle. Der dritte im Bunde ist der Schwarzsee, den mooriger Untergrund und Schwingrasen umgeben; ein Bohlenweg führt zum See und einer Aussichtsplattform. Der Hellbach mäandert sich durch ein breites Wiesental, in dem vereinzelt Rinder grasen. Immer Richtung Süden bis nach Sarnekow, das Gewässer heißt dann Mühlenbach. Wo die Eiszeit gärtnerte, ist es eher hügelig, es kommen einige Höhenmeter zusammen. Dicke Baumwurzeln queren den Weg. Für einen ebenen Rückweg empfiehlt sich der Elbe-Lübeck-Kanal nur ein kleines Stück weiter westlich. Und wer sich auf historischen Pfaden bewegen möchte, der kann auch den Alten Frachtweg wählen, auf dem einst Pferdewagen Salz von Lüneburg nach Lübeck beförderten.

Kleine Geschichtsstunde: Hier kämpfte Lützows Freikorps.

i www.hlms.de

Auf sicheren Bohlen an den Schwarzsee

Am Drüsensee

Insellage – Stadt und Dom von Wasser umgeben

Mit Dommodell: Heinrich der Löwe auf einem der Glasfenster

RATZEBURG. Wohin man auch blickt: Wasser. Ratzeburg, die »Hauptstadt« des Kreises Herzogtum Lauenburg, liegt inmitten von Seen. Hier entstand die legendäre »Ruderakademie« des nicht minder legendären Karl Adam. Hier wurde unter ihm der Deutschland-Achter geschmiedet, der in den 1960er Jahren zweimal olympisches Gold holte. Heute sind auf dem Ratzeburger Küchensee noch immer Rennboote zu Hause, vor allem bevölkern aber zahlreiche Freizeitpaddler und -Ruderer die malerische Seenlandschaft.

Von welchem Gewässer man auch schaut, ein Gebäude beherrscht das Stadtbild: der Dom. Heinrich der Löwe gab das Bauwerk 1154 in Auftrag, wie ähnliche in Braunschweig, Lübeck und Schwerin. Der umtriebige Herzog von Sachsen erlebte die Fertigstellung aber nicht mehr, erst 1220 wurde der letzte Backstein vermauert.

Ein Bronze-Löwe vor dem Friedhof erinnert noch heute an den Stifter. Der imposante Kirchenbau überstand Plünderung und Krieg, wurde von einem Blitz in Brand gesetzt und ist bis heute Anziehungspunkt für viele Besucher. Die Ratzeburger Dommusiken sind berühmt, und in den alten Mönchszellen des einst angegliederten Prämonstratenser-Klosters dürfen heute die Teilnehmer des Pastoralkollegs nächtigen.

Im Dom liegen die Gebeine des heiligen St. Ansverus, der Mitte des 11. Jahrhunderts von aufständischen Wenden zu Tode gesteinigt wurde. Hoch über dem Ratzeburger See erinnert noch das Ansverus-Kreuz an die frevlerische Tat. Es ist heute ein beliebtes Ziel für Spaziergänge in die nahe Umgebung. Hier kommt auch vorbei, wer den Ratzeburger See per Rad umrundet – in der hügligen Landschaft ist das durchaus eine Herausforderung.

2007 Krebs
2020 Reha

i Tourist-Information: Unter den Linden 1, 23909 Ratzeburg, Tel. 04541-8 00 08 86, www.ratzeburg-tourismus.de

i Ratzeburger Dom, Domhof, 23909 Ratzeburg, www.ratzeburgerdom.de
Öffnungszeiten: Mai–Sept. täglich 10–18 Uhr, Okt.–April Di–So 10–16 Uhr

A. Paul Weber-Museum – Satire auf Lithographien

RATZEBURG. Eine seiner Lithographien kennt wohl jeder: »Das Gerücht«, das an der Hauswand entlang schwebt und alle in seinen Bann zieht. Insgesamt schuf der 1893 in Thüringen geborene A. Paul Weber in sechs Jahrzehnten mit einer aufwändigen, heute kaum noch gepflegten Technik Tausende Lithographien. Dazu gehören satirische Tierbilder – großartig »Am laufenden Band«, der Aufzug der Bücklinge bei der Verleihung der Bundesverdienstkreuze – sowie gesellschaftskritische Bilder wie »Der Denunziant« und »Der letzte Privatier«. Das herausragende Thema seiner letzten Schaffensjahre war der Kampf gegen zunehmende Umweltzerstörung und die Ödnis menschlicher Massensiedlungen. Genial vorausgeahnt: »Botanik 2000« – eine Schulklasse umringt den letzten eingezäunten Baum inmitten von Hochhäusern. Das Museum zeigt viele seiner Bilder, auch einzelne Malereien, die Einblicke in das Schaffen eines widersprüchlichen Künstlers geben. So saß er zum einen mehrere Monate in Gestapo-Haft, zum anderen schuf er antisemitische Bilder. Im Museum steht die alte Lithographie-Presse Webers, auf der bei Kursveranstaltungen noch heute gearbeitet wird. Im Keller lagert eine beeindruckende Sammlung seiner Lithographie-Steine. Der 1980 verstorbene Weber ist im Hof des Hauses beerdigt, seit den 1930er Jahren hatte er in Schretstaken im Kreis Herzogtum Lauenburg gelebt.

Das A. Paul Weber-Museum

Gedenktafel am Wohnhaus Webers in Schretstaken

Ratzeburg bietet neben dem Kreismuseum noch ein weiteres Museum eines großen Künstlers: das Ernst-Barlach-Haus, in dem dieser einen Teil seiner Kindheit verbrachte und wo unter anderem Lithographien, Zeichnungen und Bronzeplastiken ausgestellt sind.

i A. Paul Weber-Museum, Domhof 5, 23909 Ratzeburg, Tel. 04541-86 07 20, www.weber-museum.de, Öffnungszeiten: Di–So 10–13 und 14–17 Uhr

i Ernst Barlach Museum, Barlachplatz 3, Tel. 04541-37 89, www.ernst-barlach.de Öffnungszeiten: April–Nov. Di–So 11–17 Uhr

Top ➠ Erlebnisbahn – Draisine und skurriles Wohnen

RATZEBURG. Die Zeiten, als noch Personenzüge zwischen Ratzeburg und Hollenbek unterwegs waren, liegen schon mehr als ein halbes Jahrhundert zurück. Wenn heute Personen den Schienenstrang nutzen wollen, müssen sie schon selbst anpacken. Handhebeldraisinen sorgen für Bewegung und Schweißtropfen. Seit Ende der 1990er Jahre ist auf und an der Strecke die Erlebnisbahn Ratzeburg zu Hause. Was mit Draisinen – große für die Strecke Schmilau-Hollenbek, kleine für den kürzeren Weg von Schmilau nach Ratzeburg – begann, ist inzwischen ein ausgefeiltes Fitnessprojekt mit viel Bewegung an frischer Luft geworden. Egal ob auf der Schiene, auf dem Wasser – mit Drachenboot oder Hydro-Bike – oder per Fahrrad auf Weg und Straße. Alles gibt es auch kombiniert als sogenannte Drei-Muskel-Tour. Vom Bahnhof Ratzeburg geht es per Handhebel-Draisine nach Schmilau, dort wird umgestiegen auf Sechser-Fahrräder zur Farchauer Mühle, wo die Muskel-Tourer dann ins Drachenboot klettern und ordentlich am Paddel arbeiten, um den Ratzeburger Küchensee zu überqueren. Auf dem Erlebnisbahnhof Schmilau können sich die dem Abenteuer Zugeneigten auch an skurrilen Spaßfahrrädern versuchen.

Das Abenteuer lässt sich in die

Bahn und Fahrräder für gesellige Runden

Übernachten in Waggons im Baum

Kleine Draisinen bereit zur Abfahrt

Große Draisinen für die Gruppenfahrt

Wohnen im Koffer

Nachtstunden ausdehnen, denn auf den Gleisen in Schmilau stehen zu ausgefallenen Hotelzimmern ausgebaute ehemalige Bahnwaggons, manche recht luxuriös in zwei Stockwerken. Wer es schlichter mag, kann auch in einem original erhaltenen einstigen Mitropa-Schlafwagen ruhen. Über dem Schlafwagen geht es in das Obergeschoss und damit in das Kofferhotel, ein Zimmer in Reisekofferform, über Wendeltreppe zu erreichen und mit Terrasse in luftiger Höhe.
Auch in Hollenbek am anderen Ende der Bahnstrecke geht es hoch hinaus: Dort hängen drei nachgebildete Waggons im Baum, ein Hotel in Wipfelhöhe. Im Baumwaggon-Hotel befindet sich alles in schiefer Ebene, jedoch sind Schlafstatt und Toiletten gewohnt waagerecht eingebaut. Für Jugendgruppen gibt es einen extra Übernachtungszug in Hollenbek, mit echter Dampfspeicherlok davor.

i Erlebnisbahn Ratzeburg, 23911 Schmilau, Am Bahnhof, Tel. 04541-88 32 16 oder 04541-89 80 74, www.erlebnisbahn-ratzeburg.de
Öffnungszeiten: Ostern–Okt.

Des Kaisers Bahn

Auch wenn heute nur noch Draisinen auf der einstigen Bahnstrecke Ratzeburg-Hollenbek unterwegs sind – zur Zeit ihres Baus Ende des 19. Jahrhundert war sie Teil einer wichtigen Nord-Süd-Verbindung. Weil diese eine Idee Kaiser Wilhelm II. war, hieß sie auch »Kaiserbahn«. Der Monarch drängte damals auf eine schnelle Verbindung zwischen der Hauptstadt Berlin und seinem Reichskriegshafen Kiel. Angeblich soll er mit dem Lineal auf der Landkarte die grobe Linienführung selbst vorgegeben haben, ziemlich gerade durch das Land. Selbst genutzt hat er sie wohl selten, aber zu manchen Zeiten donnerten mehrere D-Zugpaare pro Tag durch die eher verschlafenen Bahnhöfe von Hollenbek und Schmilau und dann weiter via Ratzeburg nach Kiel. 1945 war Schluss mit der durchgehenden Bahn. Der Ostteil endete in Zarrentin, der westliche in Hollenbek. Der Personenverkehr auf dem westlichen Abschnitt ist schon lange eingestellt, aber bis Anfang der 1990er Jahre verkehrten noch Güterzüge, vor allem zur Rübenkampagne im Herbst, weshalb die Strecke nun den profanen Namen »Rübenbahn« bekam.

Elbe-Lübeck-Kanal – Schneller Weg zur Ostsee

LAUENBURG. Welch ein Jubel an der nagelneuen Burgtorbrücke: Im Sommer 1900 war Kaiser Wilhelm II. persönlich in Lübeck erschienen, um den neuen Wasserweg, der die Hansestadt und die Ostsee mit der Elbe verband, einzuweihen. »Singe, klinge mein Jubellied. Einzieht der Kaiser, Freude zieht mit«, tönte ein Chor dem Monarchen entgegen. Und Tausende jubelten mit ihm, denn der Elbe-Lübeck-Kanal versprach wieder Aufschwung für die alte Handelsstadt an der Trave. Die »schimmernde Pracht der Hanse« sei wieder aufgelebt, notierte ein Beobachter überschwänglich.

Der Kaiser und sein Reich sind längst Geschichte, den Kanal gibt es noch. Über 67 Kilometer führt die Wasserstraße bis nach Lauenburg, wo sie in die Elbe mündet. Sieben Schleusen müssen die Schiffe auf ihrem Weg überwinden, fünfmal geht es aufwärts, zweimal wieder abwärts. Was den Binnenschiffern wenig Freude bereitet, den Sportschiffern umso mehr. Meist führt der Kanal unter hohen Bäumen entlang, eingebettet in die Lauenburgische Seenlandschaft. Daneben verläuft ein viel und gern genutzten Radwanderweg. Immer vorbei an kleinen Dörfern, die die eine oder andere Einkehrmöglichkeit bieten. Unterwegs ist noch eine kleine technische Rarität zu bestaunen: die Seilfähre Siebeneichen, die auch zu einem ruhigen Campingplatz auf der Ostseite führt.

Egal, ob Schlackeweg unterm Reifen oder Wasser unterm Kiel – alle bewegen sich hier auf historischem Boden. Zwischen 1391 und 1398 ließen Kaufleute an dieser Stelle den ersten Kanal Europas graben, der eine Wasserscheide überwand. Der Stecknitzkanal verband die Flüsschen

Burgtorbrücke in Lübeck. Hier beginnt der Kanal, der zunächst noch Kanaltrave heißt.

Seilfähre Siebeneichen

Delvenau und Stecknitz. 17 Schleusen brauchte er dafür, was für die Schiffer eine Herausforderung darstellte. Salz war das frühe Gut, dem all die Mühsal galt. Es kam über die Ilmenau aus Lüneburg und wurde via Lübeck in den gesamten Ostseeraum verschifft. Das Weiße Gold war gut zum Würzen, vor allem aber ein wichtiges frühes Konservierungsmittel. Damit aus dem Hering ein echter Salzhering werden konnte, brauchte es ein Fass Salz auf fünf Fässer Fisch.

Palmschleuse - Frühmittelalterliches Denkmal

LAUENBURG. Mehr als ein halbes Jahrtausend war der alte Stecknitzkanal in Betrieb. Zum Teil verschwand er dann beim Bau des Elbe-Lübeck-Kanals. Einige Zeugen der frühmittelalterlichen Ingenieurkunst sind aber erhalten geblieben, darunter zwei Schleusen: die Dückerschleuse bei Witzeetze und die Palmschleuse in Lauenburg. Sie liegen heute abseits des Schifffahrtsweges, sind also nicht mehr in Betrieb. Vor allem aber die Palmschleuse ist ein technisches Denkmal von großem historischen Wert. Nicht nur, dass es keine ältere in Deutschland gibt, sie war auch eine der ersten Kammerschleusen – wegen ihrer ovalen Ummauerung auch Kesselschleuse genannt – in Europa. Zwölf Kähne passten auf einmal ins Schleusenbecken. Mit einer Palme hat sie übrigens nichts zu tun. Es ist ganz einfach: Einer der Schleusenmeister hieß Palm.

Abseits der Schifffahrtswege: die Palmschleuse

i Palmschleuse, An der Palmschleuse, 21483 Lanze

Wakenitz - Paradies neben der Großstadt

RATZEBURG. Die Wakenitz ist mit ihrer Länge von knapp 15 Kilometern einer der kürzesten Flüsse Schleswig-Holsteins, aber vielleicht der schönste. Fast unberührte Natur, viele seltene Vogel- und Amphibienarten, außerdem eine geradezu himmlische Ruhe. Es gibt so gut wie keine Boote mit tuckerndem Verbrennungsmotor, abgesehen von den beiden Ausflugsschiffen, die in der Saison hier verkehren. Das Paradies liegt gleich neben der Großstadt. Die Wakenitz führt vom Ratzeburger See bis hinein ins Zentrum Lübecks. Sie mündet dort zwar in die Trave, aber nur unterirdisch über einen Düker. Wassersportler müssen also einen kleinen Landtransport auf sich nehmen, wenn sie den Fluss wechseln wollen. Aber wer will das schon? Die Wakenitz unter ihrem dichten Blätterdach und den zum Teil weit in den Fluss ragenden Bäumen ist ein Traum für jeden Paddler oder Ruderer.

Nur Paddler und kleine Ausflugsschiffe auf der Wakenitz

Es gibt zwar auch einen Wanderweg, der dem Fluss folgt, doch der führt nur zum Teil am Ufer entlang. Vom Wasser aus aber sieht die Welt ganz anders aus. Die Wakenitz ist auf einem großen Teil der Stecke sehr schmal. »Langer Jammer« wurde früher dieser Teil genannt. Das war, als der Wasserweg noch dem Gütertransport diente, Segelschiffe aber nicht kreuzen konnten und der Wind sich ohnehin im dichten Blätterdach verfing. Und weil die Ufer auch damals schon so dicht bewachsen waren, gab es dort kaum Platz für einen Treidelweg zum Ziehen der Boote. Das

Winter an der Wakenitz – ein Platz zum Durchatmen

östliche Ufer ist noch heute ein urwaldartiges Dickicht. Hier verlief bis 1990 die innerdeutsche Grenze, das Gebiet war praktisch entsiedelt. Am westlichen Ufer gibt es mehrere Ausflugsgaststätten mit Anlegestellen für Boote. Nahe dem Ratzeburger See wird die Autobahn A 20 nach Rostock unterquert. Ansonsten sind zumeist nur Vogellaute zu vernehmen und man kann sich fast wie am Amazonas fühlen.

i Wakenitz-Schifffahrt Quandt, Tel. 0451-79 38 85, www.wakenitzfahrt.de

Etwa von April bis Anfang Oktober Abfahrt an der Moltkebrücke in 23564 Lübeck oder in Rothenhusen am Ratzeburger See, in der Saison bis zu vier Fahrten täglich. Gleich nebenan gibt es in Lübeck einen Bootsverleih.

Schifferstädtchen – Mit Balkon über der Elbe

LAUENBURG. Südlicher geht nicht: Lauenburg ist die südlichste Stadt im nördlichsten Bundesland, aber nur geografisch am Rande gelegen. Immerhin gab sie dem Verwaltungsbezirk den Namen – Kreis Herzogtum Lauenburg. Er hat sich erhalten, obwohl die Herzöge von Sachsen-Lauenburg hier schon eine ganze Weile nicht mehr regieren. Aber man hält es mit der Tradition in der mehr als 800 Jahre alten Stadt an der Elbe, auch wenn nur noch ein Rest des einstigen Schlosses erhalten ist. Den Weg hinauf zur Schlossanlage sollte sich trotzdem keiner sparen: Hier steht man auf dem Elb-Balkon, kann einen weiten Blick über den Strom genießen. Und über die Nachbarländer – die gegenüberliegende Elbseite gehört schon zu Niedersachsen und gleich östlich schließt sich Mecklenburg-Vorpommern an. Besichtigen lässt sich noch der alte Schlossturm aus dem Jahre 1477.

Das Hohe Elbufer mit Schlossrest und Fürstengarten teilt die Stadt: Unten, nur wenig über dem Wasserspiegel der Elbe – und

Alte Fachwerkhäuser in der Elbstraße

Der »Rufer«, Wahrzeichen Lauenburgs

oft Elbe Hochwasser

Blick über die Elbe auf Lauenburg

manchmal auch drunter – liegt die Altstadt mit der Elbstraße und ihren historischen Fachwerkhäusern sowie dem Wahrzeichen der Stadt, dem »Rufer«, einer Bronzestatue. Am Ufer des Stroms wohnten die Schiffer in der Blütezeit der Frachtkähne. Bis heute hat noch eine ganze Reihe von Binnenschiffen als Heimathafen »Lauenburg« am Heck zu stehen. So auch einer der letzten noch kohlebefeuerten echten Dampfer, der »Kaiser Wilhelm«. 1900 in Dresden gebaut, geht er bis heute auf der Elbe auf Tour. Wenn auch nicht allzu häufig, denn hier wird noch jede Kohle ehrenamtlich in der Freizeit geschaufelt. Das ehrwürdige Stück Technik betreibt ein Verein. Mehr über die spannende Geschichte des Schiffbaus und der Schifffahrt auf der Elbe im Laufe von 1000 Jahren ist im Elbschifffahrtsmuseum zu erfahren.

Mehrere Wanderwege führen durch die Umgebung und über das Hohe Elbufer. Hier treffen auch Elberadweg und der Radweg entlang der Alten Salzstraße von Lüneburg nach Lübeck aufeinander.

i Tourist-Information: Elbstraße 59, 21481 Lauenburg, Tel. 04153-5 90 92 20, www.lauenburg.de

i Elbschifffahrtsmuseum, Elbstraße 59, 21481 Lauenburg, www.elbschiffahrts-museum.de, Öffnungszeiten: März-Okt. Mo-Fr 10-18 Uhr, Sa-So 10-17 Uhr, Nov.-Feb. täglich 10-16 Uhr

Hier muss noch Kohle geschippt werden: Dampfer »Kaiser Wilhelm«

Sachsenwald - Alterssitz des Eisernen Kanzlers

FRIEDRICHSRUH. Er gilt als das größte zusammenhängende Waldgebiet im Norden – der Sachsenwald. Knapp 70 Quadratkilometer groß, vorwiegend mit Laubbäumen, oft wundervollen alten Buchen, bewachsen. Hamburger nutzen es gern als Naherholungsgebiet, eine ganze Reihe von Wander- und Radwegen sind ausgewiesen, sie führen vorbei an uralten Hünengräbern und Schneckenberg. Bekannt ist der Sachsenwald aber noch aus einem anderen Grund: Er wechselte im Jahre 1871 spektakulär den Besitzer. Kaiser Wilhelm I. schenkte – großzügig mit nicht selbst erarbeitetem Gute – das gesamte Gebiet dem Reichskanzler Otto von Bismarck für dessen Verdienst um die deutsche Reichsgründung. Den Titel »Herzog von Lauenburg« bekam er später noch obendrauf, verwendete ihn aber nicht. Der Eiserne Kanzler regierte zeitweise von seinem neuen Wohnsitz Friedrichsruh, einer umgebauten vormaligen Gaststätte, aus. Nach 1890, als ihn Kaiser Wilhelm II. geschasst hatte, zog sich Bismarck ganz in die relative Abgeschiedenheit des Waldgebietes zurück. Hier fand er auch seine letzte Ruhe in einem Mausoleum, das der Begräbnisstätte des Ostgotenkönigs Theoderich nachempfunden sein soll.

Sein einstiger Wohnsitz ist nicht erhalten, er fiel kurz vor Ende des Zweiten Weltkriegs britischen Bombern zum Opfer. Später wurde er wieder aufgebaut, seine Nachfahren wohnen dort, ihnen gehört ein großer Teil des Sachsenwaldes. Gegenüber im Alten Landhaus ist ein Museum eingerichtet, wo neben dem Arbeitszimmer Handschriften, Gemälde und Geschenke Bismarcks ausgestellt sind. Den Politiker würdigt auch die Bundesrepublik selbst – mit der Bismarck-Stiftung, die im Bahnhofs-

Otto von Bismarck 1890

Das Mausoleum für Bismarck in Friedrichruh

Schmetterlingspark mit Christiane + Bettina besichtigt [illegible]

gebäude Friedrichsruh ihren Sitz hat, in einer informativen Dauerausstellung den Politiker in seine Zeit einordnet und auch den Personenkult nach seinem Tode nicht ausspart. Einer der damals überall aufgemauerten Bismarcktürme steht gleich in der Nähe. Öffentlich zugänglich ist zudem das Mausoleum.

i Ausflugsziele und Wanderwege: www.sachsenwald.de

i Bismarck-Museum, 21521 Friedrichsruh, Tel. 04104-24 19
Öffnungszeiten: April–Okt. Di–So 10–18 Uhr, Nov.–März Di–So 10–16 Uhr

i Bismarck-Stiftung im Bahnhof, 21521 Friedrichsruh, Tel. 04104-97 71 10
Öffnungszeiten: wie das Museum, aber auch montags

Lokschuppen – Eisenbahnen bei Bismarck um die Ecke

AUMÜHLE. Die alte Dampflok hat der Eiserne Kanzler Bismarck nicht mehr schnaufen hören, denn sie wurde erst vier Jahre nach seinem Tode (1898) in Dienst gestellt. Jetzt ist die preußische T 3 auf dem Altenteil und fiel nicht wie viele andere dem Schweißbrenner anheim. Nur gut einen Kilometer von Bismarcks einstigem Domizil in Friedrichruh entfernt ist ein ambitionierter Eisenbahnverein am Werk. Im Lokschuppen von Aumühle und auf umfangreichen Gleisanlagen im Freien betreut der Verein Verkehrsamateure und Museumsbahn e.V. (VVM) ein einzigartiges Ensemble historischer Schienenfahrzeuge. Die ältesten Personenwagen – damals schätzte man noch die Holzklasse – ratterten sogar schon zu Bismarcks Zeiten über preußische Geleise. Das waren jene Waggons, die noch für jedes Abteil eine eigene Tür besaßen, was das Ein- und Aussteigen bedeutend beschleunigte. Allerdings hatten sie hohe Trittstufen. Zwei Dampf- und mehrere Dieselloks, Triebwagen und viele Waggons stehen in Aumühle zur Besichtigung bereit, noch viel mehr aber sind fast schrottreif unter großen Planen verborgen. Sie harren noch der Aufarbeitung. In vielen Stunden Arbeit entstehen unter geschickten Händen wieder Waggons, die aussehen, als wären sie fabrikneu. Jeweils an Sonntagen kann man den Amateur-eisenbahnern über die Schulter schauen, wenn sie mit Bohrmaschine, Niethammer und Schraubenzieher dem historischen Material zu Leibe rücken. Neue Mit-Arbeiter sind auch erwünscht.

Alte Dampflok in Aumühle

Viele historische Waggons im Freigelände

Der Eintritt ist frei, Spenden werden gern genommen. Der Verein betreibt in Schönberg an der Ostsee noch eine echte Bahn: die Museumsbahnen Schönberger Strand (siehe Seite 135). Dort verkehren im Sommer an den Wochenenden historische Eisen- und Straßenbahnen, zum Teil alte Dampfzüge bis nach Kiel.

i Lokschuppen Aumühle neben den Abstellgleisen der S-Bahn
Öffnungszeiten: So 11–17 Uhr

i www.vvm-museumsbahn.de

Musikfeste auf dem Lande

Die Musikfeste auf dem Lande gehören einfach zum weithin bekannten Schleswig-Holstein Musik Festival dazu. Dann wird im umfunktionierten Kuhstall oder der Scheune musiziert, die Kleidung der Besucher bietet eine erstaunliche Bandbreite und das eigentlich Besondere ist das Nebeneinander von klassischer Musik und sehenswertem historischen Ambiente. Das begeistert sowohl die vor als auch die auf der Bühne. Alle gemeinsam stecken klaglos weg, dass zuweilen der Schweiß in Strömen rinnt – schließlich findet das Festival im Hochsommer statt und Scheunen und Reithallen sind keine klimatisierten Konzertsäle. Die Musikfeste auf dem Lande finden in Wotersen, Emkendorf, Hasselburg, Pronstorf und Stocksee statt.

i Schloss Wotersen, 21514 Wotersen (nahe Schwarzenbek)
i Gut Emkendorf, Gutshof 3, 24802 Emkendorf (nahe Rendsburg)
i Gut Stockseehof, 24326 Stocksee (zwischen Bad Segeberg und Plön)
i Gut Hasselburg, Allee 8, 23730 Altenkrempe (nahe Neustadt)
i Gut Pronstorf, Gutshof 1, 23820 Pronstorf (bei Bad Segeberg)

Schloss – Wo die Guldenburgs Hof hielten

WOTERSEN. Nur an einem Wochenende im Jahr verwandeln sich die Wiesen rund um das barocke Schloss Wotersen in eine riesige Picknickfläche und ein im wahrsten Sinne des Wortes bodenständiges Gelage nimmt seinen Lauf. Natürlich in ganz gepflegtem Rahmen, Schloss Wotersen ist traditionell einer der Spielorte des Schleswig-Holstein Musik Festivals. Dann verlassen die Musiker den herkömmlichen Konzertsaal,

Musikgenuss unterm Holzgebälk ...

... der Reithalle von Schloss Wotersen

um im eher ungewöhnlichen Ambiente aufzutreten. In Wotersen ist das nicht das Schloss, sondern die Reithalle. Mit einer erstaunlich guten Akustik. Und wenn dann noch eines der Musikfeste auf dem Lande angesagt ist, dann werden eben auch die Picknickdecken ausgepackt, es wird getafelt und der Musik gelauscht.
Knapp 300 Jahre alt ist die derzeitige Schlossanlage, sie löste eine Burg ab, deren Ursprünge sich bis ins 14. Jahrhundert verfolgen lassen. Dass Wotersen bundesweit bekannt ist, verdankt es dem Fernsehen. Von 1987 bis 1990 entstanden hier die Außenaufnahmen für die ZDF-Serie »Das Erbe der Guldenburgs«. Zu Beginn jeder Folge flog damals die Kamera über Schloss, Reithalle und Gutshof und Millionen schauten zu.
Den Gutsbetrieb mit Wald und Landwirtschaft gibt es bis heute. Daneben ist die Schlossanlage Heimstatt für zahlreiche Konzerte und andere Kulturveranstaltungen, hier finden Messen und Kunsthandwerkermärkte statt. Wenn Punschduft durch das schöne Ambiente wabert, dann ist

Picknick vor dem historischen Schloss Wotersen

Weihnachtsmarkt. Im Remisenhof kann man alte Kutschen bewundern oder man wandelt durch den Park hinterm Schloss mit seinen alten Bäumen. Wer aber die große geschwungene Freitreppe sucht, vor deren Kulisse einst Hertha Gräfin von Guldenburg alias Brigitte Horney den Intrigantenstadl der gräflichen Privatbrauerei dominierte, der sucht vergeblich. Die hat das ZDF wohl einfach wieder mitgenommen.

i Schloss Wotersen, 21514 Wotersen

i Termine für Veranstaltungen: www.wotersen.com

Explosive Gegend – Alfred Nobels Sprengstofffabrik

GEESTHACHT. Die Stadt Geesthacht liegt am Geesthang, einem Überrest des Elbe-Urstromtals. Bis zu 80 Meter geht es steil hinauf zur bewaldeten Höhe. Den Unterschied bis zur Elbe nutzt auch ein großes Pumpspeicherwerk, das einzige in Schleswig-Holstein. Die Hinaufsteiger werden mit einem Panoramablick bis weit nach Niedersachsen belohnt. Mehrere Wanderwege führen durch die waldreiche Umgebung. Viele Radler kennen den Ort, denn hier führt der Elberadweg vorbei.

Wer aber die Wege auf dem Krümmel entlang wandert, der entdeckt riesige Stahlbetondecken, die aus dem Waldboden ragen. Der Wald ist voller Zeugen vergangener Geschichte. Es sind die Reste von rund 300 Gebäuden einer riesigen Sprengstofffabrik. 1866 hatte hier Alfred Nobel die Produktion von Sprengstoff aufgenommen. Der spätere Stifter

Hier wurde einst Dynamit produziert: Reste alter Fabrikanlagen

Der alte Wasserturm, im Vordergrund ein »Einmann-Bunker«

Blick über das Land vom Krümmel bis weit nach Niedersachsen

des Nobelpreises machte an der Elbe, im kleinen Städtchen Geesthacht zum großen Teil sein Vermögen. Schwarzpulver kannte man schon eine Weile, aber wer es mehr krachen lassen wollte, der musste damals zum Nitroglyzerin greifen, einer hochexplosiven Flüssigkeit. Auch bei Nobel krachte es gewaltig – nur einen Monat nach Produktionsaufnahme flog ein Teil der Fabrik in die Luft. Der Firmengründer aber war vor allem ein Erfinder. Und eine Erfindung sollte ihn schwerreich machen: Dynamit. Nitroglyzerin gemischt mit Kieselgur, fossilen Kieselalgen mit sehr

Die alte Kirche von Geesthacht

poröser Struktur. Damit wurde der Sprengstoff gut handhabbar. Und der Bedarf war groß in Straßen- und Bergbau. Auf dem nahegelegenen Krümmel entstand die erste Dynamit-Fabrik der Welt, immer weitere Produktionsanlagen kamen hinzu. 1910, kurz vor Beginn des Ersten Weltkrieges, stand hier die größte Sprengstofffabrik Europas.
Heute befinden sich auf einem Teil des Geländes das nach Fukushima stillgelegte Kernkraftwerk Krümmel sowie das Helmholtz-Zentrum für Material- und Küstenforschung. Rundherum aber führen Wanderwege durch das geschichtsträchtige Ruinengelände. Das lässt sich zwar auf eigene Faust durchstreifen, wie auch ein zweites der nahegelegenen Sprengstofffabrik Düneberg, aber die regelmäßigen Führungen sind unbedingt zu empfehlen!

i Tourist-Information: Bergedorfer Straße 28, 21502 Geesthacht, Tel. 04152-83 62 58, www.geesthacht.de

i Termine für Führungen des Förderkreises Industriemuseum Geesthacht: Tel. 04152-8 87 78 40, www.industriemuseum-geesthacht.de

Erfinder, Multimillionär, Preisstifter

Mit seinem Testament sicherte sich der Schwede Alfred Nobel ewigen Nachruhm. Denn damit stiftete er den Nobelpreis, jährlich vergeben seit über 100 Jahren und vielleicht die international wichtigste Auszeichnung überhaupt. Das liegt weniger an der nicht unerheblichen Dotierung, sondern vielmehr am Renommee, das es dem Träger vermittelt. Hier ist die absolute Elite der Wissenschaftler versammelt. Nobel, 1833 in Stockholm geboren, war zu Lebzeiten vor allem mit der Herstellung von Sprengstoffen zu Reichtum gelangt. Er experimentierte mit Nitroglycerin, erfand das Dynamit und andere explosive Mittel. Mehr als 300 Patente wurden dem Erfinder zuerkannt, Geld machte er aber vor allem mit Dynamit, für das er Fabriken in Dutzenden Ländern baute – eine der großen in Geesthacht an der Elbe. Mehr als 30 Millionen Schwedische Kronen betrug sein Vermögen, als er 1896 im italienischen San Remo starb. Viel Geld im 19. Jahrhundert. Die Zinsen des Vermögens werden seitdem als Nobelpreise an Persönlichkeiten ausgeschüttet, die »im vergangenen Jahr der Menschheit den größten Nutzen gebracht haben«, wie es in seinem Testament heißt.

Alfred Nobel

Elbesperrwerk – Die längste Fischtreppe Europas

GEESTHACHT. Elbwasser schießt in breitem Schwall über stählerne Tore, um sich in weißen Strudeln ein paar Meter tiefer wiederzufinden auf dem Weg zum Hamburger Hafen nur noch wenige Kilometer stromabwärts. In Geesthacht steht das einzige Sperrwerk der Elbe auf deutschem Boden. Von der Straßenbrücke lässt sich das Schauspiel gut beobachten. Gleich nebenan gibt es eine Schleuse, durch die die Binnenschiffe das Tor zur großen weiten Welt erreichen. Die eigentliche Attraktion aber liegt dazwischen: die mit über einem halben Kilometer längste Fischtreppe Europas. Durch 49 Becken, jedes neun Meter lang und 16 Meter breit, können die Fische die vier Meter Höhenunterschied am

Das Elbesperrwerk Geesthacht

Die berühmte Fischtreppe von Geesthacht

Luftaufnahme der Fischtreppe

Sperrwerk überwinden. Jedes der Becken hat nur zehn Zentimeter Höhenunterschied, so dass auch konditionell eher schwache Tiere wie der Stint die Treppe bewältigen können. Viele Fische wandern zum Laichen die Flüsse hinauf und Sperrwerke sind dabei ein unüberwindbares Hindernis. Schon rund vier Dutzend Fischarten haben sich bisher schwanzwedelnd treppauf bewegt, darunter Meerforellen, Lachse und Welse. An manchen Tagen sind 25 000 Fische unterwegs nach oben. Die ganze Anlage soll auch helfen, den Atlantischen Stör wieder dauerhaft in der Elbe anzusiedeln. Die alte Fischtreppe am niedersächsischen Ufer war für den bis zu drei Meter langen Fisch zu klein. Besichtigen lässt sich die neue Anlage nur bei den regelmäßigen Führungen mit vorheriger Anmeldung.

i Anmeldung zur Fischtreppenführung: Tel. 040-570 11 32 00 oder 040-76 77 42 18, www.vattenfall.de

Zugpferdemuseum – Erinnerung an treue Vierbeiner

LÜTAU. Pferde zogen schwere Brauereiwagen, sie wurden vor Pflug und Feuerwehren gespannt, sie liefen im Kreis, um Göpel anzutreiben. Sie waren die Antriebsmaschinen der vorindustriellen Zeit. Und Goethe hätte ohne die von Pferden gezogene Postkutsche wohl nie Italien zu sehen bekommen. Heute sind arbeitende Pferde praktisch aus dem öffentlichen Bild verschwunden. In Lütau an der Alten Salzstraße wird den treuen Vierbeinern ein Denkmal gesetzt. Auf einem alten Bauernhof entstand ein sehenswertes privates Museum, in dem jene Zeit lebendig wird, als Arbeitspferde millionenfach im Einsatz waren – in Landwirtschaft, Transport, Militär, Industrie und Bergbau. Blankgeputzt und kunstvoll verziert hängen die festlichen Geschirre der Brauereipferde an der

Über 90 Jahre alter Pferdewagen der Holsten-Brauerei

Kunstvoll verzierte Geschirre

Wand. Bis zu zehn Pferde mussten einst vorgespannt werden, um die tonnenschweren Fassbierwagen von Holsten oder Schultheiss durch die Straßen Hamburgs oder Berlins zu kutschieren. In Berlin gab es sogar mehrstöckige Pferdeställe, um die vielen Vierbeiner unterzubringen. Tausende Pferde verbrachten ihr Arbeitsleben unter Tage – ein Foto im Museum zeigt den letzten Vierbeiner, der nach der Ausmusterung der Arbeitstiere wieder ans Licht geholt wurde. Das war 1966! Auch ein schlichter Transportwagen vom Typ HF 1 gehört zur Sammlung, die Bezeichnung steht für »Leichter Heeresfeldwagen«, wie er im Ersten und unverändert im Zweiten Weltkrieg in die Schlachten zog. Dass die Pferde im Zweiten Weltkrieg noch den größten Teil der Transportarbeit verrichteten, ist eine überraschende Erkenntnis im Museum.

Ein kleiner »Pferdeomnibus«

Auf der Weide am Museum grasen echte Pferde, kräftige Kaltblüter, die heute selten geworden sind. Sie müssen ab und an noch arbeiten, indem sie einen kleinen »Pferdeomnibus« ein Stück über die Alte Salzstraße ziehen.

i Zugpferdemuseum, Alte Salzstraße 29, 21483 Lütau,
Tel. 0170-8 37 37 23, www.zugpferdemuseum.de
Öffnungszeiten: Mai–Sept. So 10–17 Uhr oder für Gruppen nach Vereinbarung

Super Splash im Hansa-Park Sierksdorf

V mit Nico, Nadine
Michael Ulrich mir

Die Ostseebäder von Niendorf bis Fehmarn

Wie Perlen an einer Kette aufgereiht liegen die Seebäder entlang der Ostseeküste. Eines geht meist schon in das nächste über. Sie eint der lange Sandstrand, aber jedes hat auch seine besonderen Anziehungspunkte. Es gibt die eher beschaulichen mit Kutterhafen und Marina sowie die mit breiter Promenade und großen Straßencafés. Manche haben eine alte Fischertradition, andere entstanden erst mit dem Fremdenverkehr. Vor rund 200 Jahren waren es – nach Travemünde – Haffkrug und Grömitz, die als erste Orte Badegäste als neue Einnahmequelle entdeckten. Das heute bundesweit wohl bekannteste Ostseebad Timmendorfer Strand war da noch ein menschenleerer Küstenstrich.

Nobelbad – Sehen und gesehen werden

TIMMENDORFER STRAND. Es war ein Pastor, der den Grund legte für das spätere mondäne Seebad Timmendorfer Strand. Der Gottesmann aus dem 15 Kilometer entfernten Curau baute sich 1864 nahe dem damals weglosen und völlig menschenleeren Strand ein Landhaus von respektablen Ausmaßen. Die Idee fand nur langsam Nachahmer. Zur folgenden Jahrhundertwende warben erst sieben Beherbergungsstätten

Timmendorfer Strand – gut gefüllt bei Sommerwetter

um badelustiges Volk. Aber da standen auch schon die Badekarren in Reih' und Glied. Dann wuchsen die Gästezahlen schnell weit über die der Nachbarbäder hinaus. Der Pensionsgast reiste damals vornehmlich mit dem Dampfer an, weshalb Timmendorfer Strand schon früh eine Seebrücke bekam. Das Ausbooten, das zwar den Fischern ein Zubrot verschaffte, aber sehr mühsam war, hatte damit ein Ende.

Heute ist Timmendorfer Strand das größte Ostseebad Schleswig-Holsteins mit mehr als 200 000 Gästen im Jahr und einer knappen Million Übernachtungen. Eine bis in die Nacht belebte Strandallee, zahlreiche Boutiquen und Einkaufspassagen haben sich auf zahlungskräftiges Publikum eingestellt. Wenn eine neue Sportart zum Trend erklärt wird – hier findet man sie zuerst. Und im Sommer trifft sich die Beachvolleyball-Elite zum munteren Baggern im Sand. Viele Hamburger halten das Bad für ihren eigentlichen Vorort und strömen zu Tausenden. Hierher kommt so mancher nicht nur zum Sehen, sondern auch zum Gesehen-Werden. Dafür gibt es eine Adresse, das Café Wichtig, das eigentlich gar nicht so heißt, aber inzwischen augenzwinkernd damit wirbt. Hier kehrten schon Franz Beckenbauer, Hans-Dietrich Genscher und auch Udo Lindenberg ein.

Treffpunkt Café Wichtig

i Tourist-Information: Timmendorfer Platz 10, 23669 Timmendorfer Strand, Tel. 04503-3 57 70, www.timmendorfer-strand.de

i Café Wichtig, eigentlich Engels Eck, Timmendorfer Platz 3, 23669 Timmendorfer Strand

Familienbad – Treffpunkt am Hafen

NIENDORF. Wer frischen Fisch will, der muss nach Niendorf fahren. Entlang des Hafens stehen kleine blau-weiße Buden, in denen das Seegetier direkt vom Schiff auf die Theke kommt. Da liegt dann, was mit den Kuttern »Christiane« und »Manuela« gefangen wurde. An deren Ständen gibt es frischen Dorsch

Fischerboote im Hafen von Niendorf

Surfkurs vor Niendorfs Strand

oder Scholle, auch Hering in der entsprechenden Saison. Die Schuppentier-Gourmets sind gut beraten, am frühen Vormittag zu erscheinen, dann ist die Auswahl am größten. Spätestens am Mittag ist alles verkauft. Seit 1855 kommen die Bade- und Kurgäste. Inzwischen sind auch hier viele Hotels und Apartmentanlagen entstanden, aber anders als das benachbarte Timmendorfer Strand hat sich Niendorf den Charakter eines eher beschaulichen Familienbades erhalten. Der lange und breite Sandstrand lädt zum Baden und zu ausgedehnten Strandwanderungen. Der Hafen ist beliebter Treffpunkt, von hier stechen Ausflugsdampfer in See, die die benachbarten Badeorte und sogar das recht weit entfernte Boltenhagen in Mecklenburg-Vorpommern ansteuern. An der Hafeneinfahrt grüßen zwei lebensgroße Holzfiguren, der »Rufer« und der »Lauscher«, die ankommenden Schiffe. Der Hafen ist auch Mittelpunkt, wenn gefeiert wird: das Fischerfest im Sommer, Fischers Wiehnacht im Dezember und – seit 2012 – das weit über Schleswig-Holstein hinaus geschätzte Jazzfest Jazz Baltica.

Der »Lauscher«

i Tourist-Information: Strandstraße 121a, 23669 Niendorf/Ostsee, Tel. 04503-35 77 60, www.niendorf-ostsee.de

i www.niendorfer-fischereihafen.de

i www.jazzbaltica.de

Vogelpark – Paradies in der Aalbeek-Niederung

Viel Grün und viel Wasser im Vogelpark Niendorf

NIENDORF. Nur wenige hundert Meter vom Badestrand in Niendorf entfernt öffnet sich ein Paradies der ganz anderen Art: 1300 Vögel in 350 Arten bevölkern dort die Aalbeek-Niederung, eine Verbindung zwischen dem Hemmelsdorfer See und der Ostsee. Zwei Kilometer Wege schlängeln sich durch den sieben Hektar großen Vogelpark. Kraniche und bunte Störche stelzen durch das Gelände, darunter auch der Afrikanische Sattelstorch, der sich ob seiner schwarz-rot-goldenen Färbung besonders zu Fußballwelt- und -europameisterschaften besonderer Beachtung erfreut. Viele der Vögel leben in großen, nicht überdachten Gehegen gemeinsam mit anderen Arten. Farbenprächtige Flamingos, eher unscheinbare Rallen, knallbunte Nashornvögel, der riesige Andenkondor, aber auch heimische Gänse und Enten sind in Niendorf beheimatet. Allein 15 Storchenarten gibt es – das ist Rekord in Europa. Und mehr Eulenarten als hier im Hinterland der Ostsee finden sich weltweit

Der WM-Vogel Sattelstorch

Kronenkranich und Nimmersatt

nicht noch einmal in einem Tierpark. Die Fleischfresser mit den spitzen Schnäbeln müssen allerdings ebenso wie die anderen zum Teil sehr imposanten Greifvögel mit einem Leben in der Voliere vorlieb nehmen, schließlich soll im Park keine Nahrungskette aufgebaut werden. Eine andere Nahrungskette allerdings ist sehr gern gesehen: Futterpatenschaften. Stolz sind die Vogelparkbetreiber auf die erfolgreiche Aufzucht seltener Vögel wie der Trompeterhornvögel.

i Vogelpark Niendorf, An der Aalbeek, 23669 Timmendorfer Strand/Niendorf, www.vogelpark-niendorf.de, Öffnungszeiten: im Sommer täglich 10–20 Uhr, im Winterhalbjahr 10 Uhr bis zum Einbruch der Dunkelheit

Sea Life Center – Bei Hai, Meeresschildkröte, Seespinne

TIMMENDORFER STRAND. Haie, genauer Schwarzspitzenriffhaie, mit ihren vielen spitzen Zähnen und dreieckigen Rückenflossen sind die Attraktion im Sea Life Center Timmendorfer Strand. Die respekteinflößenden, bis zu zwei Meter langen Meeresräuber trennen nur wenige Zentimeter von den Besuchern, wenn diese den gläsernen Tunnel aus dickem Spezialglas mitten im 250 000 Liter fassenden Aquarium durchschreiten. Die eleganten Schwimmer teilen sich das Becken der tropischen Meere mit Speedy, der Grünen Meeresschildkröte. Mit ihren 80 Kilogramm Lebendgewicht ist sie zwar noch weit von der Vierteltonne entfernt, die ihre Artgenossen in freier Wildbahn erreichen können, aber sie gehört mit ihren zwölf Lebensjahren ja noch zum Nachwuchs. 2500 Meeres-

Glastunnel unter dem Hai-Aquarium

Rochen von beeindruckender Größe

Gut getarnt: eine Muräne

bewohner – exotische wie einheimische – sind im Sea Life Center Timmendorfer Strand, dem einzigen in Norddeutschland, zu betrachten. Die in der Ostsee heimischen Katzenhaie kann man gemeinsam mit den majestätisch am Boden dahingleitenden Rochen auch im offenen Becken beobachten. Und wer noch nie einen Seestern oder eine echte Krabbe in der Hand gehalten hat, bekommt hier dazu Gelegenheit. Von Letzteren sind allerdings nur die kleineren Exemplare zum Anfassen freigegeben. Ihre größeren Verwandten, die Seespinnen, bleiben hinter Panzerglas. Immerhin messen sie von Bein zu Bein bis zu vier Meter.

i Sea Life Center, Kurpromenade 5, 23669 Timmendorfer Strand, www.visitsealife.com/timmendorfer-strand, Öffnungszeiten: täglich ab 10 Uhr

Top ➟ Hansa-Park – Spaß für alle

SIERKSDORF. Da steht doch tatsächlich ein Holstentor außerhalb von Lübeck – perfekt nachgebaut. Hinter dem neuen alten Stadttor beginnt der Hansa-Park in Sierksdorf, der damit wirbt, »Deutschlands einziger Erlebnispark am Meer« zu sein. Davon kann man sich überzeugen bei einer Fahrt mit einer Gläsernen Gondel den Holstein-Turm hinauf. Die Gondel windet sich allmählich und mit sanftem Ruckeln schneckenförmig 100 Meter nach oben. Von dort scheint die Ostsee zum Greifen nah, und außerdem gibt es einen Überblick

Hier rast der »Roland«.

über alles, was unten an Familienfreundlich-Gemächlichem oder richtig Nervenkitzligem wartet. In 1,4 Sekunden Tempo 100 – das schafft der »Fluch von Novgorod«. Dies eine Achterbahn zu nennen, wäre schwer untertrieben. Die kleinen Wagen schießen regelrecht an den Stahlgestellen auf und ab, ein Teil passiert auch noch im Dunkeln. Der »Fluch« ist nur eine von einem halben Dutzend Achterbahnen im Hansa-Park. Nicht alle wollen so hoch hinaus, durchaus familientauglich ist die »Schlange von Midgard«. Schneller war ein Wikingerschiff selten.
Es muss aber nicht der Kick der Geschwindigkeit sein. Der Hansa-Park ist vor allem ein Familienziel mit Themenwelten und vielen Attraktionen für Kinder. Da geht es gemächlich mit kleinem Boot durch eine Blumenlandschaft oder auf dem Holzpferd durch den Wilden Westen. Es gibt Bonanza City und die »Hanse in Europa« sowie das Wikingerland mit schön-schaurigem Gerippe im Ausguck eines untergehenden Seglers.
Nach einem kleinen Fußmarsch beginnt das Abenteuerland und die Mexiko-Themenwelt. An Spielmöglichkeit für Kinder jeden Alters ist kein Mangel. Vor allem aber gibt es ganz viel Wasser, wie es sich für einen Erlebnispark am Meer gehört. So geht es im Rafting-Schlauchboot fröhlich kreiselnd den Rio Dorado abwärts oder gleich mit Schwung beim Super Splash per Boot aus 20 Meter Höhe ins Wasser.

Wikingerschiff und Orca-Karussell

Gemütliche Bootstour

Kopfüber, kopfunter durch den Park

i Hansa-Park, Am Fahrenkroog 1, 23730 Sierksdorf, Tel. 04563-47 40, www.hansapark.de, Öffnungszeiten: Mitte April–Ende Oktober

Tauchgondel – Ausflug auf den Meeresgrund

GRÖMITZ. Am Ende der Seebrücke von Grömitz hat die erste Tauchgondel Schleswig-Holsteins festgemacht. Sie gilt als Wasserfahrzeug, hängt aber fest an einem massiven Stahlmast, der zwölf Meter tief in den Ostseeboden gerammt wurde. In viereinhalb Minuten geht es mit ihr

Tauchgondel Grömitz

Quallen im schummrigen Wasser

abwärts bis auf den Meeresgrund. Langsam tunken die großen ovalen Bullaugen ins Wasser, dann ist die Welt da draußen in schummriges Grün getaucht. Quallen schwimmen vorbei, auch mehrere Feuerquallen, so nah, wie man ihnen ansonsten nicht begegnen sollte, denn deren lange Nesselfäden verursachen bei Berührung äußerst unangenehme Verletzungen. Das sechs Zentimeter dicke Spezialglas schützt auch davor. Wer Glück hat beim etwa 45-minütigen Tauchgang, der sieht zudem Meereschen, Hornhechte oder Strandkrabben vor dem Fenster. Ein Hai allerdings kommt eher selten vorbei – obwohl 18 Arten in der Ostsee heimisch sind. Katzen-, Dorn- und Riesenhai fühlen sich vor allem weiter draußen wohl, wo das Wasser tiefer ist.

i Tauchgondel Grömitz, Auf der Seebrücke, Tel. 04562-22 51 30, www.tauchgondel.de, Öffnungszeiten: täglich ab 10 Uhr, im Sommer bis 20 Uhr, in den anderen Jahreszeiten je nach Tageslicht kürzer

Kloster – Auf den Spuren sinnenfroher Mönche

CISMAR. Anfang des 13. Jahrhunderts wurde es dem Bischof zu bunt: Die Benediktinermönche des Lübecker Johannisklosters waren den nebenan wohnenden Nonnen zu sehr zugewandt. Und so entsandte das Kirchen-

oberhaupt die Ordensbrüder zum Aufbau eines neuen Klosters weit im Norden auf die Halbinsel Wagrien. Die Mönche verstanden dies – wohl nicht zu Unrecht – als Verbannung. Die Gegend wurde mehrheitlich von Slawen besiedelt, die andere Götter hatten. Nur langsam fügten sich die frommen Brüder in ihr Schicksal. Doch das Kloster gedieh, die Wirtschaft florierte und Pilger strömten herbei, vor allem dank 800 (!) heiliger Reliquien, die es hier gegeben haben soll, darunter ein vermeintlicher Blutstropfen Christi. Der Glaube an die Echtheit der Reliquien nahm während der Reformation ab, die Wallfahrer blieben aus und auch die Mönche verschwanden – die Klostergebäude aber blieben zum Teil erhalten und bieten heute Raum für Kulturveranstaltungen. Besonders fällt die große einstige Klosterkirche auf, ein imposanter Backsteinbau aus dem 13. und 14. Jahrhundert. Ein Teil ist Kirche für die Gemeinde, der andere dient als Außenstelle des schleswig-holsteinischen Landesmuseums Schloss Gottorf für Kunstausstellungen. Historisch besonders wertvoll ist ein geschnitzter Flügelaltar aus dem frühen 14. Jahrhundert mit zahlreichen Motiven aus dem Leben Jesu und des Ordensgründers Benedikt.
In der Kirche und im Gewölbesaal finden regelmäßig Konzerte statt. Führungen bringen die Geschichte des Klosters nahe. Wer das auf eigene Faust erkunden will, muss in den Brunnenkeller steigen. In dem großen saalartigen Gewölbe befindet sich noch die Quelle, die die Mönche

Die Klosterkirche mit ihrem charakteristischen Treppengiebel

Der historische Brunnenkeller

munter vermarkteten. Schautafeln bieten Wissenswertes. Hier sind auch noch Reste der Fußbodenheizung erhalten, die den Mönchen im darüber liegenden Refektorium die Füße wärmte. Wo einst die Benediktiner tafelten, kann jetzt ein Café besucht werden.

Höhepunkt im modernen Klosterleben ist alljährlich am zweiten August-Wochenende ein Klosterfest mit nostalgischem Kunsthandwerkermarkt.

i Kloster Cismar, Bäderstraße 42, 23743 Cismar, Tel. 04366-10 80 oder 04366-12 88 (Haus der Natur), www.kloster-cismar.de, www.cismar.de
Öffnungszeiten der Ausstellung: April–Ende Oktober Di–So 10–17 Uhr, Führungen jeweils Mi und Sa 17 Uhr

Küstenwache – Auf der »Albatros«

Alte Segler im Neustädter Hafen

NEUSTADT. Die ZDF-Serie Küstenwache gilt als Dauerbrenner. Schon seit 1997 ist die Crew allerlei Bösewichtern auf der Spur oder rettet Mitbürger aus den kalten Fluten der Ostsee. Gedreht werden die Folgen nicht immer auf den »richtigen« Schiffen der Bundespolizei. Teile der Wachboo-

Keine Handbreit Wasser unterm Kiel: die nachgebaute Brücke der »Albatros«

Hier wurde das »Totenschiff« gedreht.

Das ist doch ... nur ein Pappkamerad.

te wurden in Neustadt, in einer früheren Halle der Molkerei Glücksklee, nachgebaut. Da gibt es Kojen und Mannschaftsraum, die kleine Kombüse und natürlich die Brücke der »Albatros« mit Steuer, Radar und vielen bunt leuchtenden Knöpfen auf großen Schaltpulten. In den Kulissen lauern die bekannten Seriendarsteller – aber nur aus Pappe.
Seit einigen Jahren sorgt ein Verein dafür, dass sich die Fans der Serie selbst einmal wie einer aus der berühmten Crew fühlen können. Das Studio 1 der Küstenwache ist in der Sommersaison für jedermann geöffnet, auf Führungen erklären die Experten, wie und was hier gedreht wird und haben auch manche Episode parat. Fotografieren und Anfassen ist erlaubt. Zehn verschiedene Drehorte sind nachgebaut. Bei den Führungen geht es auch durch düstere Gänge, untermalt von eingespielten Filmszenen mit den ums Überleben kämpfenden Schauspielern. In Neustadt ist nicht nur die Küstenwache zu Hause, sondern auch manch altes Segelschiff und zahllose neue Yachten. Die Stadt ist für ihren großen Hafen bekannt. Entlang der Kaimauern lässt es sich schön flanieren.

i Tourist-Information: Dünenweg 7, 23730 Neustadt/Holstein, Tel. 04561-70 11, www.stadt-neustadt.de

i Küstenwache Studio 1, Werftstraße 39, 23730 Neustadt/Holstein, www.fanclubkuestenwache.de, Öffnungszeiten: Juni–August Do-Sa 14–18 Uhr
Im Sommer kann man echte Küstenwache-Schiffe manchmal besichtigen.

Bananenmuseum – Einzigartig präsentierte Südfrucht

SIERKSDORF. Stelli Banana – er hat auch einen gutbürgerlichen Namen – sammelt seit vier Jahrzehnten alles, was ihm zum Thema Banane unter die Finger kommt. Seit gut 20 Jahren stellt er es auch im einzigen deutschen Bananenmuseum in Sierksdorf aus. Historische Werbeschilder mit eher schlichter Botschaft (»Esst Bananen, sie sind gut«) hängen an der Wand, darunter stehen alte Chiquita-Blechfässer, historische Holzfiguren wechseln sich ab mit einem ganzen Konvolut von Plüschbananen, es gibt eine Couch in Bananenform und selbst eine eher nutzlose, weil gebogene Bananenwasserwaage. Auch die Kondom-Industrie bewies, wie man an mehr oder minder geschmackvollen Verpackungen sehen kann, eine gewisse Anhänglichkeit zur schlanken Südfrucht. Es gibt historische Masken und auch alte Schwarzweiß-Fotos aus längst vergangenen Erntetagen. Und wer

Werbung, die begeistert

Die Bananencouch

Alles Banane in den Vitrinen

nicht mehr weiß, was eine »Blechbanane« ist, wird freundlich erinnert: Es war ein Motorrad, das offiziell DKW Hummel hieß.

i Erstes Deutsches Bananenmuseum, Prof. Haas-Straße 59, 23730 Sierksdorf, www.bananenmuseum.de, Öffnungszeiten: Sa–So 11–13 Uhr

war in Brand geraten / renoviert

Museumshof – Landwirtschaft zum Anfassen

LENSAHN. Bauerngarten, Kräutergarten, Rosengarten, Heilkräutergarten, Apfelbaumallee, Schaufelder, auf denen im Sommer Weizen, Hafer, Kartoffeln, Sonnenblumen oder Flachs wachsen, dazu 4000 historische Geräte vom Dampftraktor bis zur Honigschleuder – der Museumshof Lensahn stellt so manches Landwirtschaftsmuseum in den Schatten. Vor allem aber lebt er vom Anfassen und Mitmachen. Hier kann sich der Besucher selbst vor einen historischen Pflug spannen, einen alten Göpel drehen, der einen großen Schleifstein antreibt, Kartoffeln setzen oder sich Apfelsaft pressen. Vier Hektar umfasst der historische Prienfeldhof, der seit gut zwei Jahrzehnten als Museumshof von einem ehrenamtlichen Verein betrieben wird. Hier lassen sich Landwirtschaft und Handwerk

Lokomobile machen Dampf fürs Feld.

Die Stellmacherei

Sammlung alter Pflüge

wie in vergangenen Jahrhunderten erleben. Es gibt eine große Sammlung alter Pflüge, deren ältester aus dem 18. Jahrhundert stammt. Viele Traktoren sind vor Schrottpresse und Schmelzofen gerettet worden. Manche von ihnen tun noch ihren Dienst nicht nur beim Bestellen der Schaufelder, sondern auch beim Ziehen eines Kremserwagens durch die weiträumige Anlage.

Zwei Ausstellungen zeigen den Weg von der Saat zur Ernte sowie vom Gras zur Milch auf dem Umweg über Kuh und Schaf. Stellmacherei und Schmiede, Polsterei und Backhaus sind zu besichtigen. Für einen bescheidenen Obolus können Kinder Weizenkorn erwerben und selbst mit Mahlstein oder Mühle mahlen.

Zum landwirtschaftlichen Jahreslauf passend werden jeweils an Sonntagen verschiedene Feste veranstaltet: Schafmarkt und Garbenfest, Kartoffelfest und Apfeltag. Und wer sich in die Heilkräuterkunde einarbeiten möchte, ist bei Seminaren willkommen.

i Museumshof Lensahn, Prienfeldhof, Bäderstraße 18, 23738 Lensahn,
Tel. 04363-9 11 22, www.museumshof-lensahn.de
Öffnungszeiten: Ende März–Ende Okt. täglich 10–17 Uhr, im Sommer bis 18 Uhr

Historisches Hauswirtschaftsgerät

Flanieren übers Meer: Seebrücken

Eine Seebrücke nennt jedes Ostseebad sein eigen, das etwas auf sich hält. Die ersten Seebrücken – lange Stege ins Meer hinaus, an denen die Bäderschiffe anlegen konnten – entstanden im 19. Jahrhundert. Es waren klassische Bohlenwege, mit massiven Holz- oder Eisenpfählen tief im Meeresboden verankert. Die alte Funktion haben die Brücken ins Meer weitgehend verloren, per Schiff kommt kaum noch ein Urlauber. Manchmal legt ein Ausflugsdampfer an, der die einzelnen Bäder miteinander verbindet. Heute sind die Brücken als Wanderwege weit ins Meer hinaus beliebt. Hier kann man über dem schimmernden Ostseewasser flanieren und von weit draußen den Blick auf den Strand genießen. Die Seebrücke selbst ist der Anziehungspunkt. In Timmendorfer Strand setzt man mit privatem Engagement ein Teehaus über Ostseewellen. Es entstehen futuristisch angehauchte Bauwerke wie in Kellenhusen. Oder die wie eine Schrägseilbrücke am Pylon aufgehängte Seebrücke von Hohwacht, ob ihrer Form kurz »Flunder« genannt. Auch die 2014 eingeweihte Brücke von Niendorf ist einem Fisch nachempfunden, mit einer Spielburg mittendrauf, auf der Kinder auf Seilen über das Ostseewasser turnen können. Höhepunkte sind dann überall die Seebrückenfeste, bei denen ordentlich gefeiert wird.

Sonnendecks – Von Bohlenweg bis Surfbrett

HEILIGENHAFEN. Die kleine Ostseestadt Heiligenhafen besitzt eine besondere Seebrücke – ein Bohlenweg wurde im Zickzack ins Wasser gebaut, immerhin 435 Meter misst das stellenweise doppelstöckige Bauwerk. Auf dem Weg an die Spitze gibt es Sitz- und Liegemöglichkeiten und ein Badedeck. Am Ende wartet eine verglaste Lounge auf die Besucher, windgeschützt und mit weitem Blick über Meer und Land. »Sonnendeck der Ostsee« nennt sich Heiligenhafen, auf der Seebrücke

Spielplatz über dem Meer

Auf der Seebrücke Heiligenhafen

Der Yachthafen

Paradies für Kitesurfer

fühlt man sich auch wie auf einem solchen. Gleich nebenan sind weitere Sonnendecks zu finden. 1000 an der Zahl, zumindest dann, wenn alle 14 Stege der Marina Heiligenhafen voll belegt sind. So viele Boote finden Platz in dem Halbrund zwischen Altstadt, Seebrücke und dem Naturschutzgebiet Graswarder. Wer mit einem noch kleineren Sonnendeck zufrieden ist, der trägt es zum Strand: das Surfbrett. Die Küste ist als Surfrevier geschätzt. Wer es eher etwas langsamer angehen mag, der hält das Segel auf dem Binnensee in den Wind. Die Profis stürzen sich in die Wellen der »richtigen« Ostsee, vornehmlich bei steifem Nordwest. Am Strand vor dem Graswarder sind die Kitesurfer zugange mit ihren bunten Gleitschirmen und zuweilen waghalsigen Sprüngen. Mancher sucht sich einfach nur ein Plätzchen am mehrere Kilometer langen Sandstrand – dem größten Sonnendeck, das Heiligenhafen zu bieten hat.

i Tourist-Information: Bergstraße 43, 23774 Heiligenhafen, Tel. 04362-9 07 20, www.heiligenhafen-touristik.de

Graswarder – Kinderstube für 40 Vogelarten

HEILIGENHAFEN. Die besondere Schönheit des Graswarders, einer Halbinsel vor Heiligenhafen, erschließt sich eigentlich erst auf Luftaufnahmen. Dann ist die eigentümliche Kammstruktur zu erkennen, die aus den Zinken – Sandwällen – und dazwischen liegenden flachen Lagunen besteht. Strömungen entlang der Küste sorgen dafür, dass diese Landschaft in ständigem Wachstum ist. Was Wind und Wellen abtragen am wenige Kilometer entfernten Steilufer, das lagern sie am Nehrungshaken des Graswarders wieder ab.

Zahlreiche Brutvögel schätzen dieses Gebiet, das seit vielen Jahrzehnten unter Naturschutz steht. Sturmmöwe, Austernfischer, Brandente, Säbelschnäbler oder Wiesenpieper – bis zu 40 Vogelarten ziehen hier

Schmucke reetgedeckte Häuser auf dem Graswarder

im Frühling und Sommer ihre Jungen groß. Deshalb darf ein Teil des Graswarders nur bei täglichen Führungen betreten werden. Einen Überblick gibt es von einem 14 Meter hohen, für wenige Stunden am Tag geöffneten Beobachtungsturm. Den Fußweg über die Insel säumen anderthalb Dutzend reetgedeckte, 100 Jahre alte Strandvillen.

i Graswarder, 23774 Heiligenhafen, Tel. 04362-69 47 (Station des NABU), www.graswarder.de
Führungen von Ostern bis Okt. täglich 10.30 und 15 Uhr

Graugänse fühlen sich hier heimisch.

Sonneninsel - Urlaubsziel für viele Camper

FEHMARN. Fehmarn ist die einzige Insel in der schleswig-holsteinischen Ostsee und vor allem Deutschlands Sonneninsel. Um die 1900 Stunden erwärmen ihre Strahlen Insulaner und Feriengäste. Mehr sind es im Schnitt der Jahre bundesweit nirgendwo. Vielleicht gibt es deshalb hier so viele Campingplätze, 16 insgesamt entlang der 78 Kilometer langen Küstenlinie mit rund 6000 Stellplätzen. Zudem bietet Fehmarn gut 10 000 Gästebetten. Die Sandstrände lassen den Badetourismus blühen, auch mit neuzeitlichen Ausprägungen wie Kitesurfen oder Stand-up-Paddeln. Ein Zeltplatz verfügt sogar über einen beheizten Pool.
Die drittgrößte deutsche Insel lädt nicht nur zu ausgedehnten Strandspaziergängen, Naturliebhaber kommen in den drei Naturschutzgebieten

In Burgtiefe an Fehmarns Südstrand

Fehmaraner Vielfalt: Tiere und Windräder

auf ihre Kosten. Ganz im Norden liegt der Grüne Brink, im Südwesten der Krummsteert (hochdeutsch krummer Schwanz), ein Nehrungshaken, der Jahr für Jahr etwa 20 Meter weiter in die Orther Bucht hineinwächst und zeigt, wie das Meer auch heute die Küstenlinie verändert, wo der Mensch nicht eingreift. An der Westküste liegt das größte der drei Schutzgebiete, das Wasservogelreservat Wallnau.

Unter dem sicheren Dach der Bade- und Wellness-Landschaft Fehmare lassen sich an Schlechtwettertagen Badefreuden erleben. Und viel zu entdecken gibt es im Meereszentrum Fehmarn, einer europaweit ihresgleichen suchenden Aquarienwelt mit zahlreichen Bewohnern der tropischen Meere.

i Tourist-Information: Südstrandpromenade, 23769 Fehmarn,
Tel. 04371-50 63 00, www.fehmarn.de

i Meereszentrum, Gertrudenthaler Straße 12, 23769 Fehmarn/Burg,
Tel. 04371-44 16, www.meereszentrum.de
Öffnungszeiten: März–Oktober 10–18 Uhr, November–Februar 10–16 Uhr

Drittgrößte deutsche Insel

Mit 185 Quadratkilometern ist Fehmarn nach Rügen und Usedom die drittgrößte deutsche Insel. Sie lebt vor allem vom Fremdenverkehr, daneben wird auch noch Landwirtschaft betrieben. Seit 1963 hat sie mit der Fehmarnsundbrücke eine feste Verbindung zum ostholsteinischen Festland. Im Nordosten führt die Vogelfluglinie von Puttgarden nach Rødby in Dänemark. Es ist die kürzeste Fährverbindung ins Nachbarland und wird von denen genutzt, für die Fehmarn nur Transitstation ist. Moderne Doppelendfähren brauchen für die nur 19 Kilometer lange Strecke über den Fehmarnbelt lediglich 45 Minuten. Rund um die Uhr legt jede halbe Stunde eine der Fähren ab. Künftig soll für die Dänemark-Reisenden der Seetörn aber überflüssig werden – geplant ist eine feste Querung durch einen Tunnel.

Fehmarnsundbrücke – Eleganz über Ostseewasser

GROẞENBRODE. Vor einem halben Jahrhundert endete der – relative – Dornröschenschlaf Fehmarns. Zuvor kamen die Urlauber nur mit dem Schiff auf die Insel und so mancher wurde samt Koffern noch per Pferdefuhrwerk von den Quartiereltern im Hafen abgeholt. Oder von der Inselbahn, wenn er die etwas mühsame Anreise per Fähre von Großenbrode absolviert hatte. Auf das Schiff passte bei jeder Überfahrt nur ein Personenwagen.

Damit war im Frühjahr 1963 Schluss: Die Fehmarnsundbrücke wurde eröffnet, ein ingenieurtechnisches Meisterwerk und bis heute eine der schönsten und elegantesten Brücken Deutschlands. Zum Zeitpunkt ihres Baus war sie nicht unumstritten, weil mancher Insulaner um Ruhe und Abgeschiedenheit fürchtete. Inzwischen stellt die Brücke keiner mehr in Frage, sie wurde zu einem Wahrzeichen Fehmarns und Schleswig-Holsteins sowie zum beliebten Fotomotiv. Der Volksmund taufte die beeindruckende Netzwerkbogenbrücke respektlos »Kleiderbügel«. Fast einen Kilometer lang und an der Spitze des Bogens mehr als 60 Meter über dem Meeresspiegel, verbindet sie die Insel mit dem Festland. Dem Tourismus hat sie einen enormen Aufschwung verschafft, konnte nun doch jeder auch per Auto oder Wohnmobil anreisen. Oder durchreisen, denn zum gleichen Zeitpunkt wurde auch die schnelle Fähre der Vogelfluglinie in Betrieb genommen. Die alte Inselbahn allerdings, die einst die kleinen Orte Fehmarns miteinander verband, hat den Aufschwung nicht überlebt. Das letzte Teilstück wurde in den 1990er Jahren stillgelegt. Seitdem wächst Gras auf den Gleisen. Stattdessen rauschen schnelle ICE auf geradem Weg nach Puttgarden zur Fähre.

Die Brücke über den Fehmarnsund

Wallnau - Tummelplatz Tausender Vögel

PETERSDORF. Graureiher und ein einzelner Silberreiher warten am Rande des Wassers auf Beute, dunkle Wasserläufer pieken mit ihrem langen dünnen Schnäbeln ins flache Gewässer, ein Greifvogel kreist über den Teichen, Schwalben gehen dicht über dem Boden auf Insektenjagd. Von hölzernen Unterständen mit Sichtschlitzen können Besucher des Wasservogelreservates Wallnau die Vögel aus nächster Nähe bewundern. Dieses Reservat auf Fehmarn ist ein Paradies nicht nur für Wasservögel. Zahlreiche Vogelarten machen hier Rast auf ihrem langen und kräftezehrenden Flug gen Süden. Zwei Vogelzugrouten kreuzen sich über der Insel: Von Osten kommen vor allem Wasservögel, von Norden Landvögel. Seit drei Jahrzehnten finden sie in Wallnau einen reich gedeckten Tisch. Tausende Vögel tummeln sich hier zu Zeiten des Vogelzuges oder in der Brutzeit des Frühjahrs. Mehr als 250 Arten – von 500 in Europa vorkommenden – wurden hier schon gesichtet, viele davon ziehen hier auch ihre Jungen auf.

Eine ehemalige Teichanlage zur Fischzucht hat der Naturschutzbund (NABU) Mitte der 1970er Jahre erworben und zu einem der bedeutendsten Schutzgebiete im Norden ausgebaut. Dafür wurde die Teichanlage mit künstlichen Brutinseln angereichert, ein Kanalsystem verbindet die einzelnen Gewässer, ein ausgeklügeltes Wasserregulierungssystem sorgt für eine Vielfalt unterschiedlicher Landschaftsformen, die wiederum vielen verschiedenen Vogelarten und auch Amphibien idealen Lebensraum bieten.

Teichlandschaft Wallnau

Säbelschnäbler auf Futtersuche

In Wallnau ist der größte Teil des Gebietes allein den Tieren vorbehalten. Aber hinter hohen trennenden Erdwällen geht es auf verschlungenen Wegen zu den einzelnen Beobachtungsverstecken und zu einem hölzernen Turm, der einen Überblick über das ganze Reservat möglich macht. Auszuleihende Ferngläser holen die Vogelwelt dicht heran. Ein Barfußpfad bietet hautnahe Begegnung mit verschiedenem Untergrund, ein Tast- und Schnupperpfad testet biologisches Grundwissen.

i NABU-Wasservogelreservat, Wallnau 4, 23769 Fehmarn, Tel. 04372-10 02, www.nabu-wallnau.de, Öffnungszeiten: täglich 10–17 Uhr, März–Oktober täglich Führungen 11, 13 und 15 Uhr

Kultstätte – Pilgern zu Jimi Hendrix

FLÜGGE. Es ist ein schlichter rötlicher Granitstein, gut zweieinhalb Meter hoch und sechseinhalb Tonnen schwer. Eingemeißelt eine E-Gitarre und die Inschrift: »Jimi Hendrix, Fehmarn, Love & Peace Festival, 4.-6. Sept. 1970«. Für die Anhänger des exzentrischen Musikers ist es eine Kultstätte, zu der sie alljährlich zahlreich pilgern. Auf der Wiese nahe dem Denkmal malträtierte Hendrix zum letzten Mal öffentlich seine Fender-Gitarre. Keine zwei Wochen später starb er in London nach einem Alkoholexzess, da war er gerade mal 27 Jahre alt und eine Ikone der frühen Rockmusik. Im September 1970 trat er gemeinsam mit Frumpy und

Gedenkstein für Jimi Hendrix

Ten Years After auf. Das Event gilt als das erste große deutsche Open-Air-Festival, den Teilnehmern aber blieb es – wie das legendäre Woodstock-Festival ein Jahr zuvor – vor allem als Regen- und Schlammfest in Erinnerung. Die Bühne ging in Flammen auf, es blieb eine verwüstete Landschaft zurück. Wer dabei war, verklärt es als denkwürdiges Musikereignis – dank Jimi Hendrix, der nicht ahnen konnte, dass er sein letztes Konzert auf der schlammigen Wiese einer eher abgelegenen deutschen Insel gab.

Wallanlage – Alte Burg der Slawen

OLDENBURG i.H. Geblieben ist ein großer grüner Ringwall: 18 Meter hoch, rund 40 000 Quadratmeter Fläche einschließend. Die Wallkrone lässt sich ersteigen, im Inneren liegt eine große grüne Wiese, abgesehen von einigen Wohnhäusern auf geschichtsträchtigem Grund. Hier befand sich einst der westlichste Fürstensitz des slawischen Volksstammes der Wagrier, seinen Herrscherhof schützte er mit einer großen Wallanlage. Starigrad hieß die Feste damals – alte Burg. Daraus wurde später Oldenburg. Die Slawen hinterließen reichlich Spuren, vieles wurde ausgegraben und ist heute im Wallmuseum ausgestellt. Im und am Museum ist viel zu sehen vom slawischen Leben vor 1000 Jahren: Es gibt wieder ein Heiligtum auf einer Insel im Wallsee mit einer Figur des Gottes Svantevit, ein Slawendorf am Ufer und nachgebaute Schiffe und Boote jener Zeit. In großen, hierher umgesetzten alten Scheunen wird das Leben des Volksstammes in der Zeit der großen Völkerwanderungen gezeigt. An den Wochenen-

Eingang zum Wallmuseum

Nachbau eines Handelsschiffes

Teil des slawischen Ringwalls

den werden Mittelalter-Erlebnistage veranstaltet. Dann geht es um Kohl und Kräuter, um Brei, Brot und Bier oder Angeln und Jagen. Auch findet der Aktionstag »Hauen und Stechen« statt, bei dem Schild und Lanze zum Einsatz kommen. Das größte Spektakel aber sind die »Slawentage« an jeweils einem Wochenende im Juli – mit altem Handwerk und nachgestellten Schlachten längst vergangener Zeit.

Neben seiner slawischen Geschichte hat Oldenburg die älteste Backsteinkirche Nordeuropas zu bieten.

1157 wurde die romanische Basilika geweiht und ist in ihren Grundzügen so erhalten, wie sie zu Zeiten Bischof Gerolds gebaut wurde. Nur die Inneneinrichtung musste nach einem großen Stadtbrand im Jahre 1773 erneuert werden.

Die Oldenburger Johanniskirche

i Tourist-Information: Kultur- und Bildungszentrum, Göhler Straße 56, 23758 Oldenburg, Tel. 04361-5 08 39 13, www.oldenburg-holstein.de

i Wallmuseum, Prof.-Struve-Weg 1, 23758 Oldenburg i. H., Tel. 04361-62 31 42, www.oldenburger-wallmuseum.de, Öffnungszeiten: April–Okt. Di–So 10–17 Uhr, Juli und August täglich 10–18 Uhr

Karl-May-Symbolik in Bad Segeberg: Marterpfahl

Bad Segeberg und die Mitte Holsteins

Im Frühling blühen die Rapsfelder, im Sommer reiten Indianer – auch im Hinterland der Ostsee lässt sich viel Sehenswertes entdecken. Der Kreis Segeberg reicht bis an den Rand von Hamburg. Zentrum ist die Stadt Bad Segeberg, über die Grenzen Schleswig-Holsteins vor allem durch die Karl-May-Spiele am Kalkberg bekannt.

Kalkberg – Arena, Fledermausquartier, Solespender

BAD SEGEBERG. Der Kalkberg, ein Felsen von eher überschaubarer Größe, hat Bad Segeberg berühmt gemacht. Jeden Sommer können während der bundesweit bekannten Karl-May-Spiele Indianer und Cowboys durch eine malerische Freilichtarena reiten, weil hier über ein Jahrtausend Bergbau am Kalkberg betrieben wurde. Kalk allerdings wurde in dem alten Steinbruch nie abgebaut, den gibt es hier gar nicht. Der Kalkberg ist ein Gips- (und Anhydrit-)Berg. Gipsmörtel vom Segeberger Kalkberg war geschätzt, er findet sich in vielen Gebäuden wieder, auch in der Segeberger Kirche aus dem 12. Jahrhundert. Die rege Bautätigkeit hinterließ Spuren am Felsen, zwei Drittel des Massivs wurden im Laufe der Jahrhunderte zu Baustoffen. Deshalb hat der Berg auch deutlich an Höhe verloren. 91 Meter misst er nun. Als ihn im Mittelalter eine Burg krönte, waren es noch etwa 20 Meter mehr. Von jener ist nur noch der Brunnenschacht erhalten und der liegt am Abhang des Steinbruchs. Glücklicherweise haben die Arbeiter 1931 aufgehört, weiter am Kalk herumzupickern. Es gäbe sonst weder den Brunnenschacht noch Indianer und Cowboys hier. Und auch keine Fledermäuse, die in Höhlen tief im Berg ihr Winterquartier beziehen. Der Kalkberg kann bestiegen werden, es gibt einen Wanderweg hinauf.

Alt-Segeberger Bürgerhaus von 1541, das Heimatmuseum der Stadt

Blick vom Kalkberg über die seenreiche Umgebung

Dass Segeberg den Bädertitel trägt, ist auch dem Kalkberg zu verdanken, denn unterhalb des Felsens liegt ein Salzstock, dessen Sole sich einst ein findiger Unternehmer bemächtigte und Kurgäste mit dem salzhaltigen Wasser versorgte. Auch heute ist Bad Segeberg ein Kurort mit vielen Gesundheitseinrichtungen. Einen tiefen Blick in die 800-jährige Geschichte der Stadt ermöglicht das Museum im ehrwürdigen Alt-Segeberger Bürgerhaus von 1541.

i Tourist-Information: Oldesloer Straße 20, 23795 Bad Segeberg, Tel. 04551-9 64 90, www.segeberg.info

i Museum Alt-Segeberger Bürgerhaus, Lübecker Straße 15, Tel. 04551-96 42 04, Öffnungszeiten: April–Okt. Di–So 12–17 Uhr

Top ➠ Karl-May-Spiele – Zu Gast bei Winnetou & Co.

BAD SEGEBERG. Wenn es Sommer in Bad Segeberg wird, dann zieht auch der Wilde Westen ein. Zumindest der, den Karl May einst beschrieb. Winnetou und Old Shatterhand reiten dann durch die Kalkberg-Arena, eine der schönsten Freilichtbühnen Europas, schließen Blutsbrüderschaft und bekämpfen gemeinsam das Böse. Das Freilichttheater wurde in den 1930er Jahren in einem Steinbruch des Kalkbergs im Stile eines Amphitheaters gebaut. Die Nationalsozialisten errichteten hier ihre »Nordmark-Feierstätte«. Nach 1945 wurde das Open-Air-Theater als Bühne für Großveranstaltungen wiederbelebt. Boxkämpfe fanden statt und lockten Tausende. Das Zugpferd Karl May entdeckten die Segeberger 1952. Winnetou betrat erstmals norddeutschen Prärie-Boden. Über die Jahre kamen alle Klassiker des sächsischen Abenteuerschriftstellers auf die Bühne: Der Schatz im Silbersee, Unter Geiern, Der Ölprinz …

Die Indianer sind los – die Arena am Kalkberg

7500 Plätze fasst das Kalkbergstadion heute, in einer guten Saison kommen 300 000 Besucher, um sich das Spektakel anzuschauen. Und es sind nicht nur die Kleinen, die sich standesgemäß eine Kriegsbemalung ins Gesicht malen lassen. Wer gut zu Fuß ist, kann vor oder nach der Vorstellung den Kalkberg erklimmen, von wo es einen guten Blick von oben hinter die Kulissen gibt. Nur die weißen Felsen sind übrigens echt, die roten eine gut gemachte Attrappe. Auf der Bühne wird gekämpft, geliebt und gestorben, und eine Stuntman-Truppe sorgt dafür, dass nicht die Schauspieler von Hängebrücken in schwindelerregender Höhe stürzen müssen. Feuerwerker leisten ganze Arbeit, damit es zur rechten Zeit knallt und pufft. Bekannte Schauspieler ritten im Laufe der Jahre über die Bühne: Pierre Brice und Gojko Mitić, Erol Sander und Wayne Carpendale. Viele Aufführungen sind vorzeitig ausverkauft.

Plakate vergangener Spielzeiten säumen den Weg zur Freilichtbühne.

i Karl-May-Spiele Bad Segeberg, von Ende Juni bis Anfang September, jeweils von Do–So, www.karl-may-spiele.de

Karl May und der Norden

Der emsige Romanschreiber Karl May wäre begeistert, käme er nach Bad Segeberg – hier werden seine Geschichten zum Leben erweckt. Old Shatterhand, Winnetou und all die anderen Phantasiegestalten locken alljährlich Hunderttausende May-Fans an den Kalkberg. Der Schriftsteller aus Sachsen hatte mit Bad Segeberg allerdings nie etwas zu tun. Geboren 1842 in Ernstthal – heute Hohenstein-Ernstthal – dichtete er eher in der Umgebung Dresdens, meist in Radebeul, wo sich bis heute das Karl-May-Museum befindet und er – verstorben 1912 – auch begraben ist. In seiner frühen Lebenszeit wurde er mehrfach als Kleinkrimineller auffällig, woraufhin er sich einige Male die Welt nur noch durch Gitterstäbe betrachten durfte. Dies mag seine Phantasie angestachelt haben, denn danach erfand er seine zahlreichen Helden. Gesehen hat er die Indianer, die er so detailreich beschrieb, erst auf seinen Reisen im höheren Alter. Heimisch wurde Karl May im Norden nur durch seine Helden.

Schauhöhle - Bei Fledermäusen und besonderen Käfern

BAD SEGEBERG. Der Kalkberg von Bad Segeberg birgt eine erstaunliche Unterwelt: die nördlichste Schauhöhle Deutschlands und eine der größten Gipshöhlen insgesamt in Mitteleuropa. Mit kundigem Führer geht es hinein in die Welt der ewigen Finsternis, die allerdings besucherfreundlich beleuchtet ist. Niedrige Gänge und Hallen von beeindruckender Größe wechseln sich ab, vielfach verzweigt, mit Nischen und Seitenpfaden. Rund 1,3 Kilometer durchzieht die Höhle halbkreisförmig den Berg, in Tausenden Jahren ausgewaschen aus dem wasserlöslichen Gestein. Die Gesteinsformen im Inneren lassen Raum für Phantasie: Da gibt es »Treckerspuren« an der Decke und einen »Schneewittchensarg« am Wegrand. Die Licht- und Schattenwelt gäbe einen guten Drehort für Krimis ab.

Im März des Jahres 1913 betraten Segeberger Studenten als erste die Höhle, abgeseilt durch ein Loch, das bei Sprengarbeiten entstanden war. In der Dunkelheit flatterten ihnen Fledermäuse um die Nase, die die Eindringlinge aus dem Winterschlaf geschreckt hatten. Was die frühen Höhlenentdecker nicht ahnen konnten: Die Segeberger Kalkberghöhle ist einer der bedeutendsten Überwinterungsplätze für Fledermäuse im Norden.

22 000 der Tiere machen es sich im Winter im Labyrinth der Gänge und Hallen gemütlich, hier herrschen das ganze Jahr über konstante neun Grad Celsius. Deshalb gehört den Flattertieren in der kalten Jahreszeit auch die Höhle allein. Besucher werden erst im Frühjahr zugelassen.

In der Zentralhalle der Kalkberghöhle

Dann sind die Fledermäuse ausgeflogen, ziehen ihren Nachwuchs auf Dachböden, in Baumhöhlen oder Kirchtürmen auf.
Ein anderer Bewohner der Höhlenlandschaft ist so klein, dass ihn die meisten Besucher gar nicht zu sehen bekommen. Der Choleva lederiana holsatica, der Segeberger Höhlenkäfer, lebt nur hier in dieser Höhle. Er ernährt sich vom Kot der Fledermäuse und von Kadavern. Von einer Fledermaus werden einige Käfer satt, sie messen schließlich nur 5 Millimeter.

i Kalkberghöhle, Oberbergstraße, 23795 Bad Segeberg, Kontakt siehe Noctalis, Besichtigung im Rahmen von Führungen von April bis September

Noctalis – Welt der lautlosen Flieger

BAD SEGEBERG. Auch wenn die Fledermäuse im Kalkberg von Bad Segeberg im Winter nicht besucht werden können – eine spannende Begegnung mit den geheimnisvollen Anverwandten von Batman ist trotzdem möglich. Das Fledermauszentrum Noctalis, Ausstellung und Forschungszentrum für die fliegenden Säugetiere, ermöglicht Beobachtungen auch in dieser Jahrezeit – dank rund 100 tropischer Brillenblattnasenfledermäuse, die keinen Winterschlaf machen. Im Noctarium können Besucher ihnen beim Fliegen und Klettern zuschauen sowie bei der Vertilgung ihrer Lieblingsspeise Bananen. Dort turnt auch Foxi durchs Gelände, eine zahme Riesenflughunddame, die gleichfalls in wärmeren Gefilden zu Hause ist. Die Spannweite ihrer Flügel liegt bei respektablen 1,20 Metern und sie frisst am liebsten Mangos und Muffins. Weil in der Ausstellung der Tag zur Nacht gemacht wurde, kann man die nachtaktiven Tiere im Schein einzelner Lichter beobachten. Im Ausstellungsteil »Jäger und Gejagte« gibt es noch weitere Bewohner, die alle etwas mit Fledermäusen zu tun haben. Meist bereichern sie deren Speisezettel, aber eine Spinne geht – natürlich nur in freier Wildbahn – auch selbst auf Jagd auf die fliegenden Säuger. Auf vier Etagen gibt es einen faszinierenden Einblick in die zumeist verborgene, ganz eigene Welt der Fledermäuse. Viele Sonderaktionen bringen diese spielerisch auch Kindern nahe. So können Kindergeburtstage im Kreise der Flattermänner gefeiert werden.

i Erlebnisausstellung Noctalis, Oberbergstraße 27, 23795 Bad Segeberg,
Tel. 04551-8 08 20, www.noctalis-welt-der-fledermaeuse.de
Öffnungszeiten: April–Sept. Mo–Fr 9–18 Uhr, am Wochenende 10–18 Uhr,
Okt.–März Mo–Fr 9–17 Uhr, am Wochenende 10–18 Uhr

Wildpark – Von Auerhahn bis Zwergesel

EEKHOLT. Wenn der Uhu zum Flug ansetzt, dann heißt es: Kopf einziehen. Denn der imposante Vogel fliegt nur Zentimeter über die Besucher des Wildparks Eekholt hinweg. Ehrfurchtsvoll verbeugen vor dem Uhu, empfiehlt deshalb der Tierpfleger, schließlich breitet hier die größte heimische Eulenart ihre Schwingen aus. Mehrmals am Tag sind im Wildpark Schauflüge angesagt, dann gehen auch noch Turmfalke, Mäusebussard und Seeadler auf Flugreise. Für Greenpeace gehört Eekholt zu den zehn besten Wild- und Tierparks im deutschsprachigen Raum. 1970 gegründet, hat sich der private Park zur Aufgabe gemacht, heimische Tiere in ihrer natürlichen Umgebung zu zeigen. In weitläufigen Gehegen sind Rot- und Damhirsche zu Hause, darunter beeindruckende 16-Ender. Fischotter tummeln sich in und an einem eigenen Gewässer. So nah in ihrem natürlichen Umfeld sind sie nur selten zu beobachten. Besonders beeindruckend ist ein Wolfsgehege von 10 000 Quadratmetern, in denen sich die grauen Räuber im Spiel balgen. Der Wildpark will dazu beitragen, dass Vorbehalte gegenüber dem Wolf abgebaut werden, die umso stärker sind, je weiter er sich im Norden und Osten Deutschlands Lebensraum erobert.

Kapitale Hirsche im weitläufigen Gehege

Ein Wolf – ganz friedlich

Turmfalke bereit zur Vorführung

Das 67 Hektar große Gelände lädt zu ausgiebigen Spaziergängen ein. Quer hindurch zieht sich die Osterau, einer der ganz wenigen Flüsse in Schleswig-Holstein, die nicht begradigt wurden und als natürliche Flusslandschaft vielen

Tieren Heimat bietet. 700 Tiere in 100 Arten sind im Wildpark zu Hause, von A wie Auerhahn bis Z wie Zwergesel. Viele Sonderveranstaltungen bringen Erwachsenen wie Kindern Tiere und Naturschutz nahe. Im Spätherbst gibt es in den »Dunkel-Munkel-Nächten« noch Romantik dazu.

i Wildpark Eekholt, Eekholt 1, 24623 Hohenaspe, Tel. 04327 9 92 30, www.wildpark-eekholt.de, Öffnungszeiten: täglich bis zum Einbruch der Dunkelheit, Einlass im Sommerhalbjahr 9–18 Uhr, im Winterhalbjahr 10–16 Uhr

Fayencen – Kunstvolle Keramik in Blau und Gelb

KELLINGHUSEN. Inmitten eines Kreisverkehrs der Bundesstraße in Kellinghusen stehen unübersehbar Gruppen von mannshohen Vasen. Sie verweisen auf eine lange und zudem besondere Keramiktradition des Städtchens. Hier wurden ein Jahrhundert lang Fayencen hergestellt. Diese Art von Keramik diente als vergleichsweise preiswerter Porzellan-Ersatz und sah diesem wegen seiner bläulich-weißen Glasur auch sehr ähnlich. Allerdings erkauften sich das die Produzenten mit gravierenden Gesundheitsschäden: Die helle Schicht enthält hochgiftiges Zinndioxid. Die Fayencetechnik entstand im 9. Jahrhundert in Mesopotamien. Nach Europa kam sie erst viel später, zunächst im 16. Jahrhundert nach Italien, wo sie in Anlehnung an die Stadt Fayenza ihren Namen erhielt. 200 Jahre später gelangte sie auch nach Norddeutschland und in die Niederlande, wo sie unter dem Namen Delfter Porzellan bekannt wurde. 1764 gründete sich in Kellinghusen die erste Fayencemanufaktur. Weitere folgten, die Stadt an der Stör wurde zu einem der wichtigsten Produzenten dieser aufwändig herzustellenden Keramik im Norden Deutschlands. Und zu einem der letzten, um 1865 ging die Zeit der Fayencen allmählich zu Ende. Die spannende Geschichte der mit leuchtenden Farben – in Kel-

Überdimensionale Vasen an der Bundesstraße

Tellerturm auf dem Markt

Kunstvolle Fayence im Museum

linghusen meist gelb und blau – bemalten Teller, Kannen oder Fliesen wird im Keramikmuseum erzählt. Dort sind einige der wertvollsten Fayencen ausgestellt.

Heute gibt es wieder eine Reihe von Keramik-Werkstätten, zwei davon stellen auch wieder Fayencen her. Einmal im Jahr strömen die Liebhaber kunstvoller Töpferkunst in der kleinen Stadt zusammen. Immer am zweiten Wochenende im August ist Keramikmarkt. Eine Jury sorgt zuvor dafür, dass nur die Besten nach Kellinghusen dürfen. Die hohe Qualität zieht deshalb auch viele Sammler an.

Auch sonst ist die Stadt einen Besuch wert: In der hügeligen Umgebung lässt es sich gut wandern. Die Stör (Vorsicht, Tide-Fluss!) und die kleine Bramau sind bei Paddlern beliebte Reviere.

i Tourist-Information: Hauptstraße 18, 25548 Kellinghusen, Tel. 04822-3 71 07, www.kellinghusen.de

i Keramikmuseum, Hauptstraße 18, 25548 Kellinghusen, Tel. 04822-3 762 10/11, Öffnungszeiten: Do–So 14–17 Uhr oder auf Anfrage, Jan./Feb. geschlossen

Wassermühle - Getreidekörner auf Paternosterfahrt

KLEIN RÖNNAU. Die Wassermühle von Klein Rönnau hat eine malerische Lage. Große alte Bäume säumen den Mühlteich, auf dem sich die Enten tummeln. Ein Spazierweg führt rundherum, zu immer neuen Blickachsen und zum vierstöckigen Fachwerkgebäude. Allerdings dient das aufgestaute Gewässer nicht mehr zum Antrieb der historischen Mühle. Das alte Wasserrad wurde schon vor über 100 Jahren außer Dienst gestellt, eine Turbine übernahm damals die Antriebsarbeit und sorgte zugleich über einen Generator für Strom im Dorf. Im Inneren der Mühle jedoch hat die alte Technik überlebt – mit Mahlwerken und Sichtern, hölzernen Zahnrädern und riesigen Transmissionsriemen, die die Antriebskraft auf die

Die Wassermühle Klein Rönnau

vier Etagen verteilen. Manch Teil soll sogar noch aus der Frühzeit der Mühle stammen, die 1649 gebaut wurde. Da war gerade der Dreißigjährige Krieg zu Ende gegangen. Über steile Treppen geht es nach oben, wohin die Getreidekörner per Elevator – einer Art Paternoster – befördert werden und ihren Weg beginnen, der weiter unten als feines, pudriges Mehl endet. Oder auch als Schrot für den Schweinetrog.

Bis 1960 war die Mühle in Betrieb, dann verfiel sie zusehends, bis sich Ende der 1990er Jahre zunächst ein Investor und später eine Gruppe technikinteressierter Bürger fand, die die inzwischen sanierte Mühle in Schuss hält und bei regelmäßigen Führungen Besuchern zeigt und erklärt. Für den Antrieb sorgt heute ein historischer Elektromotor und einmal im Jahr – zum Mühlentag am Pfingstmontag – werden auch noch richtig Mehl und Schrot gemahlen, wie es die Klein Rönnauer Müller über drei Jahrhunderte lang taten.

i Wassermühle, Mühlenweg 2, 23795 Klein Rönnau, Tel. 04551-8 35 31, www.klein-roennau.de, Öffnungszeiten: im Sommer immer sonntags 11–16 Uhr, für Gruppen nach Absprache auch zu anderen Terminen möglich

Altes Mahlwerk

Transmissionsriemen treiben alles an.

Picknickplatz am Wasser in Plön

Die Holsteinische Schweiz

So viel Wasser findet man sonst nur an den Küsten: Die Holsteinische Schweiz ist nicht nur von Bergen, sondern vor allem von Seen geprägt. Ein Paradies für Wanderer und Wassersportler. Und dazwischen sehenswerte Kleinstädte in malerischer Kulisse: Eutin, Plön, Bad Malente und Preetz. Schlösser und Herrenhäuser laden zum Besuch.

Naturpark – Höchster Berg und größter See

PLÖN. Wer Schleswig-Holstein nur mit Strandurlaub an zwei Meeren verbindet, der hat eine der schönsten Naturlandschaften Norddeutschlands verpasst, den 720 Quadratkilometer großen Naturpark Holsteinische Schweiz. Die Berge kommen zwar an die Höhen der echten Schweiz nicht so ganz heran, aber wer hier einmal mit dem Fahrrad unterwegs war, der merkt schnell: Es geht stetig auf und ab wie im Gebirge. Die Eiszeit formte eine wunderschöne Hügellandschaft, und sie ließ auch reichlich Platz für Gewässer zurück. Weshalb es hier nicht nur den höchsten Berg Schleswig-Holsteins – den Bungsberg – sondern auch das größte Gewässer des Bundeslandes – den Großen Plöner See – gibt. Das lässt viel Raum für aktiven Urlaub oder auch nur einen Tagesausflug. Egal, ob per Boot oder Schiff, zu Fuß oder per Fahrrad. Mitten durch die Holsteinische Schweiz schlängelt sich die Schwentine, der Heilige Fluss der Slawen, der am Bungsberg entspringt und nach einer großen Runde durch das Hügelland nahe der Landeshauptstadt Kiel in die Förde mündet. Dabei durchquert sie zahlreiche Seen und zum Teil auch weitgehend

Segelboote auf dem Großen Plöner See

Spitzenort Camping Ostern
Christiane Volker Petra Nicole + mir.

unberührte Natur. Es ist ein Paradies für Paddler. Zahlreiche Radrouten sind ausgebaut und ausgeschildert, und, weil zumeist abseits der großen Straßen verlaufend, erholsam zu fahren. Inzwischen gibt es GPS-geführte Touren, für nicht so Download-erfahrene Radler auch per auszuleihendem Gerät für einen eher bescheidenen Obolus. Viele Wanderwege führen entlang der Seeufer. Es mangelt nicht an Einkehrstätten. Wem eigener Körpereinsatz im hügeligen Gelände oder welligem Gewässer zu mühevoll scheint, der kann die auf den großen Seen verkehrenden Ausflugsschiffe nutzen.

i www.holsteinischeschweiz.de

Lebende Zäune: die Knicks

Knicks prägen in vielen Regionen des Nordens die Kulturlandschaft. Anderswo heißen sie Wall oder Hecke, der Schleswig-Holsteiner nennt sie »Knicks«, was vom Knicken der Äste herrührt. Allerdings wird heute kaum noch geknickt, sondern alle paar Jahre mit Maschinenkraft die Hecke »auf Stock gesetzt«. Die Gehölze dienen zum Teil noch immer als lebende Zäune zur Markierung von Flurgrenzen, vor allem aber beherbergen sie eine artenreiche Tierwelt. Sie bieten Singvögeln Schutz und Nistmöglichkeit und werden auch von allerlei Insekten besiedelt. Deshalb dürfen die Gehölze auch nicht mehr einfach gerodet und untergepflügt werden, wie das in den 1950er und 1960er Jahren üblich war. Bis heute ist die Gesamtlänge der Knicks von 80 000 Kilometern nach dem Zweiten Weltkrieg auf etwa die Hälfte geschrumpft. Die aber soll nun bleiben und ist gesetzlich geschützt. Auch die Bauern haben etwas davon – die Knicks schützen die Felder bei Wind vor dem Davonwehen der wertvollen Ackerkrume. Angelegt wurden sie nach 1770. Die sogenannten Verkoppelungsgesetze bestimmten die Auflösung der Feldgemeinschaften und wiesen den Bauern eigenes Land zu, das sie mit »lebendem Path-Werk« einzuzäunen hatten. Es entstand ein aufgeräumtes Muster an Wällen, angelegt oft im rechten Winkel. Gepflanzt wurde damals, was am nahen Waldrand wuchs: Hasel und Esche, aber auch Schlehen und Brombeeren.

Typische Knicklandschaft

Mönchsweg – Pilgern auf der Spur der Missionare

PLÖN. Die Vielfalt schleswig-holsteinischen Binnenlandes erlebt, wer den Spuren früherer Missionare folgt. Wo einst der Mönch Vicelin durch unwegsames Gelände stapfte, laden heute zumeist asphaltierte Wege zur Fahrradtour. Gut, dass die Altvorderen sich von West nach Ost voranmissionierten, so lässt sich heute häufig mit dem Wind im Rücken fahren. Die komplette Strecke des Mönchsweges führt über 340 Kilometer von Glückstadt an der Unterelbe nach Fehmarn an der Ostsee. Ein landschaftlich besonders schönes Stück führt etwa 60 Kilometer mitten durch die Holsteinische Schweiz: von Plön entlang der Seen über Eutin nach Neustadt an der Ostsee. Blaue Schildchen mit weit geöffneten gotischen Kirchtürflügeln weisen den Weg. Manchmal an einsamen Seeufern entlang, manchmal durch die etwas trubeligeren Städte. Am schönsten ist es im späten Frühjahr, wenn blühende Rapsfelder die Hügellandschaft in sonniges Gelb tauchen. Zum Teil führt der Weg vorbei an sogenannten Knicks, jenen für den Norden typischen Wallhecken.

Wer am Wegrand Ruhe und Besinnung sucht, der findet sie auch in vielen, meist geöffneten Kirchen. Manche gehen noch auf Gründungen aus der Zeit der Missionare zurück, so die Maria-Magdalenen-

Vorbei an Seen ...

... und durch rapsgelbes Hügelland

Kirche in Bad Malente, deren erste Steine um 1230 vermauert wurden. Sie hält im Inneren einen tröstenden Spruch auch für ermattete Pilger bereit: »Kommet her zu mir alle, die ihr mühselig und beladen seid, ich will euch erquicken«. Für Erquickung sorgen heutzutage diverse Hofläden am Weg, wo sich erwerben lässt, was auf Feld und Flur der Umgegend gewachsen ist. Das unterscheidet den heutigen Freizeit-Pilger von den frühen Missionaren. Diese wurde von den heidnischen Slawen kaum fröhlich begrüßt. »Sie wurden in ein Land voller Hunger und Entbehrung geschickt, wo der Teufel seinen Sitz hatte«, heißt es in der zeitgenössischen Slawenchronik des Helmold von Bosau.

i www.moenchsweg.de, Info-Tel. 0180-5 43 03 45

Türme - Rundblicke übers Land

Der Parnaß-Turm in Plön

PLÖN. Die Region westlich der Ostseeküste hat nicht nur Berge, sondern ist auch ein Land der Türme. Einer der markantesten: der Gömnitzer Turm bei Süsel. Ein wuchtiges backsteinernes Bauwerk, das einst entstand, weil eine große alte Eiche, die zuvor den Seefahrern auf der Ostsee als Orientierungspunkt gedient hatte, Opfer eines Gewitters wurde. Um weiterhin eine Landmarke auf dem Gömnitzer Berg – immerhin 94 Meter hoch – zu haben, wurde 1827 der Turm errichtet. Er ist allerdings kein klassischer Aussichtsturm mit Galerie, aber die vier kleinen Fensteröffnungen in zehn Meter Höhe ermöglichen trotzdem Aussicht in alle Himmelsrichtungen.

Von den bundesweit recht zahlreichen Bismarcktürmen (siehe Seite 165) stehen drei in Ostholstein und der Holsteinischen Schweiz: in Plön, Lütjenburg und auf dem

Pariner Berg bei Bad Schwartau. Die beiden letzteren können noch heute bestiegen werden. In Plön ließ der örtliche Verschönerungsverein zudem 1888 den Parnaß-Turm errichten – ein filigranes Stahlfachwerk, das einen schönen Rundblick über die Plöner Seen ermöglicht. Erst ein gutes Jahrzehnt ist der Holzbergturm bei Bad Malente alt. Der steht auf dem Holzberg und ist auch ganz aus Holz. Aus Lärchenholz, damit er lange hält. Länger als der Malenter Bismarckturm, der nur ein Jahrzehnt durchhielt, bevor ihn ein Sturm in abrissreifen Zustand versetzte.

Bismarckturm Groß Parin bei Bad Schwartau

- **i** Gömnitzer Turm, Zum Major, 23701 Süsel
- **i** Bismarckturm Lütjenburg, Am Bismarckturm, 24321 Lütjenburg
- **i** Bismarckturm Groß Parin, Pariner Berg, 23611 Bad Schwartau
- **i** Parnaß-Turm, Parnaß, 24306 Plön
- **i** Holzbergturm, Grebiner Weg, 23714 Bad Malente

Schwentine – Auf Paddeltour durchs Binnenland

PLÖN. Die dichten Baumkronen treffen sich über dem Wasser der Schwentine und spenden willkommenen Schatten. Den Fluss teilen sich Paddler mit Enten und manchmal einem kleinen Geleitzug Graugänse. Wer ganz großes Glück hat, der entdeckt sogar einen der seltenen Eisvögel. Und manchmal Rinder, die an einer Flusstränke neugierig auf die Wasserwanderer im niedrigen Boot herabschauen. Lieber auf dem See

Manchmal sind Graugänse die Begleiter.

Neugierige Rinder am Flussufer

Holzbrücke über die Schwentine bei Bad Malente

oder dem Fluss paddeln? Die Schwentine bietet beides auf ihrem Weg durch den Naturpark Holsteinische Schweiz. Mal ist sie schmal wie ein Bächlein, mal führt der Weg durch beeindruckend ausufernde Gewässer wie den Großen Plöner See. Die Schwentine ist 62 Kilometer lang, ab Kilometer 7 am Großen Eutiner See lässt sich das Paddel im Wasser baden. Wer bis zur Mündung in die Kieler Förde durchhält, hat immerhin 14 Seen durchquert. Und eine der beeindruckendsten Flusslandschaften Norddeutschlands.

Der Weg von Preetz flussabwärts bis nach Raisdorf ist besonders urwüchsig. Halb im Wasser versunkene Bäume engen die »Fahrrinne« stellenweise ein wenig ein. Hinzu kommt manchmal eine beachtliche Strömung. Dafür stört kein Motorboot die Idylle, die sind auch auf allen Seen am Wege nicht erlaubt. Allerdings bläst auf den Gewässern der

Schöner Blick vom Wasser inklusive - hier auf die Stadtkirche von Preetz

Wind zuweilen recht kräftig, und besonders auf dem Großen Plöner See können sich dann erhebliche Wellen aufbauen.
Die Kleinstädte, die an der Strecke liegen – Eutin, Bad Malente-Gremsmühlen, Plön und Preetz – sind allesamt einen Besuch wert. Zeltplätze für Wasserwanderer gibt es ausreichend, Bootsverleiher auch. Wer die Tour vorzeitig beenden will, kann auf die Bahn der Strecke Eutin-Kiel umsteigen. Einziger Wermutstropfen: Wer wirklich bis zur Kieler Förde will, der muss ab Raisdorf anderthalb Kilometer das Boot über Land bewegen.

i www.sh-tourismus.de/de/kanuland

Der Heilige Fluss

Die Schwentine hat ihren Namen aus früher Zeit, als an ihren Ufern die Slawen siedelten. Swentana, die Heilige, nannten sie den Fluss, der sich durchs Seen- und Hügelland schlängelt. Im frühen Mittelalter gehörte ein Teil der Schwentine zum Limes Saxoniae, der die Slawen im Nordosten und die Sachsen im Westen und Südwesten trennte. Allerdings nicht als befestigte Grenze, sondern eher als natürliche, weil undurchdringliche Wald- und Moorlandschaft.
Die Schwentine entspringt am Bungsberg, der höchsten Erhebung Schleswig-Holsteins, und durchfließt eine Seenkette, die bis vor die Tore Kiels reicht. Dort gibt es zwei historische Wasserkraftwerke, die das Gefälle des Flusses zur Stromerzeugung nutzen. Damit sich an der Turbine überhaupt ein nennenswertes Gefälle einstellt, wurde das Wasser angestaut, so erhielt die Schwentine vor gut einem Jahrhundert einen zusätzlichen See, den Rosensee bei Raisdorf. 6,5 Meter beträgt der Höhenunterschied für das Wasser, eher wenig für ein Wasserkraftwerk, aber viel für die Fische, die vor einigen Jahren eine Fischtreppe spendiert bekamen, auf der sie nun auf- und abschwimmen können.

Top ➠ Traumlage – Eine Stadt inmitten von Gewässern

PLÖN. Trammersee, Trentsee, Stadtsee, Schwanensee, Kleiner und Großer Plöner See, Schöhsee, Behler See, Höftsee, Edelbergsee, Großer und Kleiner Madebröker See, Suhrer See – wer bietet mehr? Die Stadt Plön ist von Gewässern umgeben. Überall ist Wasser, nur unterbrochen von schmalen Stücken Land. Eine traumhafte Lage. Hier fühlen sich Wassersportler zu Hause, der Große Plöner See – größtes Gewässer Schleswig-Holsteins – wird vor allem von Seglern geschätzt. Die kleineren Seen begeistern Paddler, zumal viele von ihnen über die Schwentine miteinander verbunden sind. Das Stadtbild wird geprägt vom berühmten weiß leuchtenden Schloss, einst Residenz der Herzöge von Schleswig-Hol-

Blick über den Plöner See auf Schloss und Nikolai-Kirche

stein-Plön. Der letzte deutsche Kaiser Wilhelm II. ließ hier seine Söhne ausbilden, das Schloss war in preußischer Zeit Kadettenanstalt.
An die Preußen-Ära erinnert heute noch die schmale und von Bäumen bewachsene Prinzeninsel, die weit in den Großen Plöner See hinaus reicht. Darüber führt ein beliebter Wanderweg, der am »Lieblingsplatz der Kaiserin« endet, wie eine Tafel erinnert. Die Aussicht ist tatsächlich schön. Das Gedenken an die Gattin von Wilhelm II., Auguste Viktoria, ist wohl auch der Tatsache geschuldet, dass sich die Insel – über eine Brücke mit dem Festland verbunden – noch heute im Besitz des Hauses Hohenzollern befindet. Von der Schlossterrasse reicht der Blick weit über die Seenlandschaft. Wer noch mehr Überblick braucht, der muss zum Parnaß-Turm aufsteigen, erst den Hügel hinauf und dann noch einmal 20 Meter in die Höhe. Allerdings nur von Ostern bis Oktober, im Winter ist der Turm geschlossen. Sehenswert ist auch die Altstadt mit Kopfsteinpflaster und schmalen Gässchen, den Twieten.

Der Lieblingsplatz der Kaiserin

i Tourist-Information:
Bahnhofstraße 5, 24306 Plön,
Tel. 04522-5 09 50,
www.touristinfo-ploen.de

Schloss – Residenz, Kadettenanstalt, Optikerschule

PLÖN. Es ist ein prächtiger Platz für ein prächtiges Schloss: Hoch oben über dem Großen Plöner See thront die einstige Residenz der Herzöge von Schleswig-Holstein-Plön. Die dreiflüglige Anlage ist schon von Weitem als strahlende Landmarke zu sehen. Sie gehört heute der gemeinnützigen Fielmann-Akademie, die hier Augenoptiker nicht nur für den eigenen Firmennachwuchs aus- und weiterbildet. Seitdem ist sie im Rahmen organisierter Führungen in Teilen auch der Öffentlichkeit wieder zugänglich. Einige der Prunkzimmer sind aufwändig mit Mobiliar aus jener Zeit rekonstruiert worden. Gleichfalls wiederhergestellte Säle zeugen von einstiger Pracht.

Herzog Joachim Ernst ließ das Schloss bauen, mitten im Dreißigjährigen Krieg und nach nur drei Jahren wurde es 1636 fertiggestellt. Damals noch in schmucklosem Rotbraun, seine markante weiße Farbe erhielt das Schloss erst unter dänischer Oberhoheit Mitte des 19. Jahrhunderts. Damals war es Sommerresidenz des dänischen Königs Christian VIII. Allerdings konnten sich die Dänen des frischen Verputzes nur kurzzeitig erfreuen, dann kamen die Preußen, gewannen 1864 den Krieg und das Schloss wurde zur preußischen Kadettenanstalt umgebaut. Immerhin zogen zeitweise auch die Söhne des letzten deutschen Kaisers auf dem Schlossgelände ein, in das heute kulturell genutzte Prinzenhaus. In Plön durften sie gemeinsam mit ausgesuchten Kadetten lernen, wie man Krieg führt und Gemüse züchtet. 1933 zog in das Schloss eine der national-

Festsaal mit prachtvollem Leuchter

sozialistischen Eliteschulen (Napola) ein. Nach dem Zweiten Weltkrieg wurde es Internat für das Plöner Gymnasium. All das tat dem einstigen Herzogssitz nicht gut. Das Inventar verschwand und manch wertvoller Stuck auch. In die Schlosskapelle zog der Fahrradschuppen ein. Der Augenoptiker-Nachwuchs muss heute seine Fahrräder anderswo unterstellen, die Kapelle wurde wieder hergerichtet, wenn auch nicht mehr zu Andacht und Gebet. Die erhaltenen Särge der verblichenen Herzöge und ihrer Anverwandten, aus der Dunkelgruft befreit, können besichtigt werden. Obwohl nur ein kleiner Teil des Schlosses zugänglich ist – die Führung ist spannend, und die Teilnehmer werden mit manch Anekdote aus früherer und späterer Zeit erfreut.

i Führungen Mi, Do, Sa, So, jeweils am späten Nachmittag und Abend
Telefonische oder Online-Anmeldung erforderlich: Tel. 04522-80 10
www.fielmann-akademie.com

Planetenpfad - Wanderung durch das Sonnensystem

Sonne auf Dreibein - Beginn des Pfades

PLÖN. In Plön lässt sich unser Sonnensystem am Ufer des Großen Plöner Sees entdecken. Dort gibt es den Planetenpfad – eine Wanderung von der Sonne bis zum Neptun. Ohne zusätzlichen Antrieb zu Fuß in etwa einer Stunde hin und wieder zurück zu schaffen. Alles maßstabgerecht 1:2 Milliarden. Ein Meter der galaktischen Wanderung entspricht also zwei Millionen Kilometern im All. Was dazu führt, dass man sich hier mit mehrfacher Lichtgeschwindigkeit durchs Sonnensystem bewegt. Los geht's an der großen Sonnenkugel am Schiffsanleger Marktbrücke. Merkur wird schon nach 30 Metern erreicht. Keiner würde ihn allerdings finden, wäre die nur stecknadelkopfgroße Kugel nicht hinter Glas auf einer großen Schautafel sicher und sichtbar untergebracht. Auf diesen sind jeweils die Steckbriefe der Planeten verzeichnet: Größe, Masse, Monde, Oberflächentemperatur und vieles mehr. Der Erde begegnet der irdische Wanderer schon nach schlappen 75 Metern. Bis zum Rand des Sonnensystems sind es nun aber noch 2,6 Kilometer und weiter draußen wird es ziemlich einsam. Am Ende der Prinzeninsel und passenderweise wieder auf einem Schiffsanleger wartet Neptun als der sonnenfernste Planet. Mit guten Augen lässt sich die Modellsonne auf ihrem Dreibein gerade noch in der Ferne ausmachen. Umgekehrt geht es schlecht: Der Modell-Neptun ist gerade zweieinhalb Zentimeter groß. Dass die Wanderung übrigens nicht gleich bis zur nächsten Nachbarsonne ausgedehnt wurde, hat seinen guten Grund: Sie käme erst nach 20 000 Kilometern. Alles in allem ein spannender Astronomie-Lehrgang – und das noch in schöner Umgebung und an der frischen Luft!

Bei Neptun endet die Wanderung.

i www.planetenpfad-ploen.de

Weimar des Nordens – Park, Schloss und Musik

EUTIN. Einen der schönsten Landschaftsgärten in Norddeutschland hat Eutin vorzuweisen – mit Rundtempel, zwei Wasserfällen, zahlreichen Flüsschen und Brücken, sogar einer chinesischen Bogenbrücke, ehrwürdigen alten Bäumen. Es gibt einen Philosophengang und einen Tempelgarten. Der Park entstand vor über 200 Jahren auf dem Boden eines barocken Vorgängers und gehört zum Eutiner Schloss, einem über mehrere Jahrhunderte auf-, um- und ausgebauten Sitz der Lübecker Fürstbischöfe und später der Herzöge von Oldenburg am Großen Eutiner See. Ein imposanter Bau mit Backsteinfassade und vier Flügeln, die einen Innenhof einrahmen. Ein runder Torturm ist noch Rudiment der Burgen-Vergangenheit. Zwei Brücken führen über den Wassergraben, der die Anlage umschließt.

Das Eutiner Schloss

Chinesische Bogenbrücke im Schlosspark

Dass Eutin das »Weimar des Nordens« genannt wird, geht in etwa auf die Entstehungszeit des Schlossgartens zurück. Peter Friedrich Ludwig, der Herzog von Oldenburg, versammelte Künstler seiner Zeit wie den Dichter Friedrich Gottlob Klopstock, den Homer-Übersetzer Johann Heinrich Voß und den Goethe-Maler Johann Wilhelm Tischbein um sich. Der größte Sohn der Stadt ist aber Carl Maria von Weber, der Komponist des »Freischütz«. Allerdings wohnte Weber hier nur während seines ersten Lebensjahrs und kehrte auch nur noch zweimal kurzzeitig zurück. Eine Gedenktafel hängt an seinem Geburtshaus, sein Denkmal schmückt den Weber-Hain, zudem erinnern an den Meister der Tonkunst die jährlichen Eutiner Festspiele auf der malerischen Freilichtbühne am Seeufer.

Büste Carl Maria von Webers im Weber-Hain Eutin

Das Schloss ist heute Museum, das Einblick in die höfische Lebensart vergangener Zeiten gewährt. In der Stadt selbst gibt es zahlreiche klassizistische Bürgerhäuser und einen großen Marktplatz. An zwei Seen – dem Großen Eutiner und dem Kellersee – gelegen, bietet sie Gelegenheit zu ausgedehnten Wanderungen und Fahrradausflügen, auch zu einer Tour mit dem Ausflugsdampfer. Da die Seen Bestandteil des Flüsschens Schwentine sind, kann man von hier aus bis zur Ostsee paddeln.

i Tourist-Information: Markt 19, 23701 Eutin, Tel. 04521-7 09 70, www.eutin.de

Festspiele – Arien unter dem Blätterdach

EUTIN. Der Weg zur Kultur führt durch die Natur: durch den Schlosspark Eutin mit seinen verschlungenen Wegen und dann zur Bühne direkt am Ufer des Großen Eutiner Sees. Hinter dem Rücken der Besucher kreuzen Ausflugsdampfer und Boote. Die Bühne ist eingerahmt von großen alten Bäumen. Und wenn dann im Sommer Arien unter den Baumkronen erschallen, dann ist die Zeit der Eutiner Festspiele angebrochen. 1951 wurde zum ersten Mal open air im Schlosspark gesungen, damals hieß die Veranstaltung noch »Freilichtoper« und es gab den »Freischütz«. Schließlich schätzt die Stadt Carl Maria von Weber als ihren großen Sohn, auch wenn er Eutin bereits lange, bevor er die erste Note zu Papier brachte, wieder verließ. Webers Kompositionen werden oft aufgeführt, aber das Repertoire der Eutiner Festspiele, so genannt seit dem Jahr 2000, ist ein bunter Querschnitt durch die klassische Musik, von großer Oper über historische Operette bis zum Musical. Wenn die 1900 Besucher im Halbrund der Zuschauertribüne ihren Platz gefunden haben, dann kann den Kunstgenuss nun nur noch eines verhindern: das Wetter. Zwar hat der geübte Festspiel-besucher stets einen Regenumhang dabei, aber den Sängern steht die Pelerine eher schlecht. Für die Musiker und ihre Instrumente gibt es hingegen ein schützendes Zeltdach. Meistens jedoch werden es unvergessliche Abende, wenn die Arien weit über den See schallen und der Rückweg dann durch den romantischen, spärlich beleuchteten Schlosspark führt.

i Neue Eutiner Festspiele, Am Schlossgarten 7, 23701 Eutin, Tel. 04521-8 00 10, www.eutiner-festspiele.de, Aufführungen jeweils im Juli und August

Die Festspielbühne liegt direkt am Ufer des Großen Eutiner Sees.

Die Aufführung von »Anatevka« begeisterte Tausende Besucher.

Ausflüge – Romantik im Urwald und am Ukleisee

Der düstere Ukleisee

EUTIN. Wie alt mögen die Buchen sein, die hier wachsen? 200, 300 Jahre? Die riesigen Bäume bei Eutin sind heute so etwas wie ein norddeutscher Urwald. Hier durften sie wachsen, wie sie wollten – mal etwas schief, mal als Zwilling, Drilling oder gar Vierlingsstamm. Manchen der Bäume haben Sturm und Alter umstürzen lassen. Wer von Eutin aus am Kellersee Richtung Bad Malente wandert oder auch mit dem Fahrrad fährt, der begegnet den Bäumen, die in den Himmel wachsen. Einer ist schöner als der andere und oft von beeindruckendem Stammdurchmesser. Ein Spaziergang lohnt auch in die entgegengesetzte Richtung, wo inmitten alter Buchen der Ukleisee liegt. Ein Wanderweg führt ringsherum und zum Jagdschlösschen aus dem 18. Jahrhundert. In aufkommender Dunkelheit wird es romantisch, lassen See und Wald Erinnerungen an die Mystik alter Märchen aufkommen. Um die Entstehung des Sees rankt sich auch eine alte Sage von Liebe, Treue und Verrat. Ein furchtbares Unwetter soll dort einen untreuen Ritter mitsamt einer Kapelle verschlungen haben. Wer genau hinhöre, könne noch manchmal das Glöcklein aus der Tiefe des Sees hören. Jedoch entstand der See mit dem Abschmelzen der Gletscher der letzten Eiszeit, lange bevor die ersten Ritter die Gegend unsicher machten. Romantik ade. Aber der Rundgang ist trotzdem schön.

Riesiger Buchenzwilling im Eutiner Urwald

Bräutigamseiche – Baum mit Adresse

EUTIN. Die Adresse ist schlicht: Bräutigamseiche, Dodauer Forst, 23701 Eutin. Nach dort führt ein breiter Waldweg, dann folgt ein niedriger Jägerzaun, dahinter ein imposanter jahrhundertealter Baum. Der Briefkasten befindet sich in luftiger Höhe, es dürfte der einzige sein, den ein Postbote per Leiter erklimmen muss. Der wirft dann die Briefe ins Astloch der Bräutigamseiche ein. Jeder kann diese Briefe lesen und im Idealfall auch beantworten. Diese Kontaktbörse ist – vom Porto abgesehen – kostenlos.

Die Geschichte des Baumes ist auch die einer Heiratsvermittlung und schon über 100 Jahre alt. Das Töchterlein des Oberforstmeisters liebte einen vom Vater ungelittenen Schokoladenfabrikanten. Heimlich schrieben sich die beiden Briefe. Und weil der Vater vielleicht das Briefgeheimnis nicht ausreichend schätzte, nutzten sie ein Astloch in der alten Eiche als »toten Briefkasten«. Doch der Oberforstmeister hatte letztlich ein Einsehen, gab der Liebe seinen Segen und das junge Paar durfte 1891 heiraten – und das nun auch noch unter dem Blätterdach jenes Baumes. Diese rührende Geschichte fand weithin im Lande Verbreitung. Auch im Zeitalter von E-Mail und Facebook erreichen noch immer Briefe das Astloch im Baum und der Postbote erklimmt weiter die Leiter. Die analoge Partnervermittlung funktioniert also noch im 21. Jahrhundert. Da möge der knorrigen Eiche doch ein langes Leben beschieden sein!

i Bräutigamseiche, Dodauer Forst, 23701 Eutin, nahe der B 76 zwischen Eutin und Plön.

Da muss der Postbote klettern.

Der Geist von Malente – Fußball, Kuren, Wassersport

BAD MALENTE. Malente ist Fußball-Anhängern ein Begriff. Das liegt weniger am TSV Malente von 1900 e.V. und seiner eher regionalen Bedeutung, sondern an einem Geist. Dem »Geist von Malente«, der 1974 die bundesdeutsche Nationalmannschaft umwehte und sie zum WM-Titel führte. In der Sportschule von Malente bereitete sich die Fußballnationalmannschaft mehrfach und bekanntlich nicht immer so erfolgreich wie 1974 auf Welt- und Europameisterschaften vor. Diese Schule wurde 2013 komplett renoviert und als »Uwe Seeler Fußball Park« wieder eröffnet, in dem heute nicht nur Vereine auf grünem Rasen den Ball treten, sondern auch Tagungen und Feierlichkeiten stattfinden. Malente ist auch eine Kurstadt, viele Kurkliniken sind hier ansässig. Bad Malente-Gremsmühlen liegt im Herzen der Holsteinischen Schweiz, eingebettet zwischen Keller- und Dieksee. Hier gibt es so viel Wasser, dass die Stadt weithin einen guten Ruf für Kneipp-Kuren genießt. Im Kurpark – Anfang der 1960er Jahre angelegt – lustwandelt man im Gegensatz zu manch anderem Park im Norden nicht auf historischen Spuren, aber er belegte 2009 beim Wettbewerb um Deutschlands schönste Parkanlagen den 2. Platz.

Die Schwentine mit Rollenbahn an der Gremsmühle

Wer das Wassertreten nicht will oder muss, begibt sich auf das Wasser, wo Ausflugsdampfer zur 5-Seen-Fahrt laden. Es geht natürlich auch per Segel- und Paddelboot, wobei auf die Nutzer der Letzteren ein besonderer Höhepunkt lauert: Auf dem Wasserwanderweg der Schwentine, die auch Keller- und Dieksee verbindet, geht es an der Gremsmühle rapide abwärts –

Lauschiger Kurpark mit Bohlenwegen

immerhin knapp zwei Meter Höhenunterschied auf einer Rollenbahn. Und wer gut zu Fuß ist, besteigt den Holzbergturm, ein hölzerner Turm mit stählerner Wendeltreppe. In luftiger Höhe wird er belohnt mit einem traumhaften Rundumblick über die Holsteinische Schweiz.

i Tourist-Information: Bahnhofstraße 3, 23714 Malente,
Tel. 04523-9 89 90, www.bad-malente.de

i Uwe Seeler Fußball Park, Am Stadion 4, 23714 Malente,
Tel. 04523-20 22 40 10, www.usfp-malente.de

»Wunderwelt Wasser« – Begegnung mit großen Tieren

BAD MALENTE. Seit 2007 gibt es die »Wunderwelt Wasser« an der Kellerseepromenade von Bad Malente. Es ist ein Naturlehrpfad, der über Bohlenstege und unbefestigte Wege durch einen Erlenbruchwald an der Malenter Au führt. Schon von Ferne lockt ein überdimensionaler Adlerkopf am Eingang. Drin tummeln sich Modelle von Libellen in ebenso respektablen Ausmaßen über dem Gewässer und offenbaren, was sonst nur durch ein Fernglas zu sehen ist. Rund einen Kilometer schlängelt sich der Weg durch heimische Flora und Fauna. Wer Glück hat, kann das, was sich im Modell zeigt, gleich nebenan »in echt« sehen. Schautafeln erklären das Leben am und im Wasser, Modelle zeigen die unterschiedlichen heimischen Schmetterlingsarten. Die Wunderwelt ist ein eher überschaubares Refugium, aber einen Spaziergang wert.

Eingang zur »Wunderwelt Wasser«

i Wunderwelt Wasser, An der Kellerseepromenade, 23714 Malente
Öffnungszeiten: April–Okt. täglich 8–20 Uhr

Tradition – Stadt der Schuster

PREETZ. Preetz lebt auf großem Fuße. Der größte Schuh der Stadt misst gut drei Meter in der Länge und fand damit Einzug ins Guinness-Buch der Rekorde. Das hölzerne Ungetüm steht im Zentrum und hat sogar ein eigenes Dach. Es ist das Wahrzeichen der Kleinstadt an der Schwentine und verweist auf lange Handwerker-Tradition. Es gab Zeiten, da werkelte bald in jedem zweiten Preetzer Haus ein Schuster. Das ist schon einige Jahrzehnte her, aber entlang von Messingplatten im Straßenpflaster lässt es sich auf dem »Schusterpfad« noch immer durch die Stadt wandeln, über den Markt mit einer witzigen Schuster-Skulptur und mit alten Fachwerkhäusern aus jener Zeit, als die Handwerkskunst in voller Blüte stand. Auch wenn Schuhmacher jetzt in Preetz eher rar gesät sind, stellt einer hier bis heute Holzschuhe nach alter Tradition her – Lorenz Hamann, inzwischen die fünfte Familiengeneration, seit die Firma vor rund 170 Jahren gegründet wurde. Ein kleines Holzschuhmuseum lädt zur Besichtigung.

Und noch ein altes Handwerk ist in Preetz zu Hause: Uhrmacher. In seiner kleinen Werkstatt hat einer von ihnen, Martin Stadermann, eine sehr sehenswerte Sammlung historischer Stand- und Kaminuhren zusammengetragen. Für Freunde alter Zeitmesser auf jeden Fall einen Besuch wert.

Der kleinen Stadt wäre Unrecht getan, beschränkte man sie auf ihre Handwerker-Traditionen. Sie liegt malerisch am Kirchsee, um den entlang des mit alten Bäumen bestandenen Ufers ein Wanderweg führt. Mitten durch die Stadt fließt die Schwentine, ein ruhiges Flüsschen und wie zum Paddeln geschaffen. Und die »Schuster-Acht« führt durch die hügelige Umgebung – entweder per Fahrrad zu bewältigen oder zu Fuß zu erwandern. Immerhin 64 Kilometer lang geht es in Form einer Acht auf einer Nord- und einer Südschleife vorbei an Seen und Feuchtgebieten, an Herrenhäusern und Dorfkirchen. Wer will, kann sogar noch zehn Bonuskilometer anhängen.

Der größte Holzschuh der Welt

i Tourist-Information: Mühlenstraße 9, 24211 Preetz, Tel. 04342-7 28 04 20, www.schusterstadt-preetz.de

i Uhrmacherwerkstadt Martin Stadermann, Kührener Straße 18, 24211 Preetz, www.dieuhrenwerkstadt.de, Öffnungszeiten: Mo, Mi, Fr 10–17 Uhr

Holzschuh-Museum – Von Arbeitsschuh bis Clog

PREETZ. Die Holzschuhmacherei Hamann liegt seit 1846 ein wenig versteckt in einer Seitenstraße von Preetz auf einem schmalen Grundstück an der Schwentine. Als der Betrieb gegründet wurde, waren noch Steuern an den dänischen König zu entrichten. Lorenz Hamann ist Holzschuhmacher in fünfter Generation, seit 1984 stellt er das haltbare,

Kunstvoll verzierte Holzschuhe

Der Meister bei der Arbeit

unverwüstliche Schuhwerk aus Erlenholz und Rindsleder her. Wer sein kleines Museum besucht, unternimmt einen Rundgang durch anderthalb Jahrhunderte Holzschuhgeschichte.

Die stabile Fußbekleidung war lange geschätzt, viele Berufe hatten ihre typischen Holzschuhe, und alle stehen sie bei Hamann im Regal: Die Fischer mit einem extra Absatz unter der Sohle, damit sie nicht abrutschten beim Netzeinholen. Die Schmiede mit extra hohem Seitenleder, damit es beim Funkenflug nicht plötzlich heiß wurde am Spann. Oder die Werftarbeiter, die hohe Schuhe mit Holzsohle trugen. Zu Tausenden wurden diese Schuhe von den Preetzer Schuhmachern an die großen Werften in Kiel und Hamburg geliefert. Doch 1970 verbannten neue Arbeitsschutzgesetze die traditionsreichen Holzschuhe aus den Schiffbaubetrieben. In der Landwirtschaft sind sie auch selten geworden.

Die hölzernen Schuhe gehörten in der Region übrigens bei jeder Dorfhochzeit dazu – als kunstvoll verzierte Hochzeitsschuhe. Holzschuhmacher Hamann führt die Tradition bis heute fort, vieles davon in Handarbeit. Zumal Holzschuhe in der Freizeit wieder in Mode gekommen sind und jetzt »Clogs« heißen. Verschickt werden sie in alle Welt. Einige Kunden kommen sogar selbst nach Preetz.

i Holzschuhmacherei und Museum Lorenz Hamann, Wakendorfer Straße 17, 24211 Preetz, Tel. 04342-8 12 17, www.holzschuhmuseum.de
Öffnungszeiten: Mo–Sa 10–13 Uhr

Kloster – Wo einst Stiftsdamen lebten

PREETZ. Der Besucher kommt durch ein Torhaus und tritt ein in eine backsteinerne Welt aus ferner Zeit. Fast 30 Gebäude gehören zum Ensemble des einstigen Benediktinerinnen-Klosters Preetz. In diesem Umfang ist dies in Norddeutschland wohl einmalig. Um die Klosterkirche gruppieren sich die zwölf Konventualinnenhäuser, einst von

Eine Allee mit alten Bäumen führt vom Torhaus ins Klostergelände.

adligen Familien gestiftete Gebäude für ihre Töchter. Die Geschichte des Klosters reicht bis 1211 zurück, als Albrecht von Orlamünde – damals Statthalter des dänischen Königs Waldemar II. – das Kloster gründete. Nach Preetz zog es aber erst ein halbes Jahrhundert später um.
Die Benediktinerinnen führten das Kloster zu früher Blüte und machten es zu einem wirtschaftlichen und kulturellen Zentrum der Region. Aus der Frühzeit der Anlage sind noch heute die Klosterkirche aus dem 14. Jahrhundert und der Konventbau für die damals 70 Nonnen erhalten. Der Innenraum der Kirche ist streng getrennt in den Nonnenchor im Mittelschiff und den Raum für das »gewöhnliche Volk«, das damals den Wirtschaftsbetrieb Kloster am Laufen hielt. Die Wände des Chorgestühls für die Nonnen schmücken 137 Tafelbilder aus dem 15. Jahrhundert, die jeweils Szenen aus dem Alten und dem Neuen Testament gegenüberstellen. Seit der Reformation gehört das Kloster der schleswig-holsteinischen Ritterschaft und ist ein adliges Damenstift mit langer Tradition und festen Regeln. Bis heute können die Mitglieder der Ritterschaft ihre unverheirateten Töchter in eines der früheren Klöster einschreiben lassen, was auch späteres Wohnrecht und Apanage bedeutet. Allerdings entfällt dies mit der Heirat, und so sind die Häuser nun in aller Regel fremdvermietet.

Klosterkirche mit alter Orgel

In der Klosterkirche finden Gottesdienste statt, aber auch Konzerte und andere Kulturveranstaltungen. Bei Führungen können Besucher in die spannende Historie des Klosters eintauchen.

i Adeliges Kloster, Klosterhof 5, 24211 Preetz, Tel. 04342-8 68 29, www.klosterpreetz.de, Öffnungszeiten: Führungen Mitte Mai–Mitte September täglich 15 Uhr; Di, Mi, Fr auch 11 Uhr

Wintersport – Deutschlands nördlichster Skilift

SCHÖNWALDE. Was haben die Zugspitze in Bayern und der Bungsberg in Schleswig-Holstein gemeinsam? Sie haben einen Skilift! Und wenn der Winter einmal richtig hereinbricht, dann tobt an den Hängen des Bungsberges das Leben. Die Abfahrt ist nicht eben lang, sie bemisst sich eher nach Sekunden denn nach Minuten. Dann muss der Skifahrer wieder an den Lift, der ihn nach oben bringt. Das verschafft ihm das Erlebnis, auf Deutschlands nördlichstem Skilift unterwegs zu sein.

Extra für den kleinen Skilift musste der schleswig-holsteinische Landtag ein »Seilbahngesetz« beschließen. Er dürfte damit auch der einzige Lift deutschlandweit sein, für den ein eigenes Gesetz erlassen werden musste. Der Bungsberg ist Schleswig-Holsteins höchster Hügel, immerhin 168 Meter hoch. Weil es ringsum deutlich niedriger ist, bietet sich ein weiter Blick übers Land. Noch weiter sieht, wer die Aussichtsplattform auf dem Fernmeldeturm erklimmt. Nebenan gibt es noch den Elisabeth-Turm, aber der ist schon lange nur noch Landmarke, weil stark sanierungsbedürftig und geschlossen.

i Bungsberg, nahe der Gemeinde Schönwalde, Tel. 04521-8 45 40 64, www.bungsbergbuero.de

Blick vom Bungsberg

Historische Lastensegler während der Kieler Woche

Kiel und der Nord-Ostsee-Kanal

Schleswig-Holsteins Hauptstadt ist vom Wasser geprägt. Zum einen von der Kieler Förde, einer schmalen Meeresbucht der Ostsee, zum anderen von einer künstlich geschaffenen Wasserstraße, dem Nord-Ostsee-Kanal, der von Kiel bis nach Brunsbüttel an der Unterelbe führt. Umgeben ist sie nicht nur von Wasser – das Hügelland im Süden und Westen lädt auch zu Wander- und Fahrradtouren ein.

Landeshauptstadt – Gärten, Förde und Beamte

KIEL. Auf den ersten Blick erschließt sich nicht so recht die Schönheit der schleswig-holsteinischen Landeshauptstadt Kiel. Und so mancher würde sagen: Auch nicht auf den zweiten. Wer gediegene Altstadt sucht, der muss nach Lübeck fahren. Oder nach Flensburg. Kiel wurde im Zweiten Weltkrieg zu 80 Prozent zerstört; was übrig blieb, fiel zum Teil dem Modernisierungswahn zum Opfer. Deshalb ist es heute geprägt von den eher schmucklosen Bauten der 1950er bis 1970er Jahre. Kiels schöne Gegenden liegen eher etwas abseits. Es sind die grünen Oasen wie der Schrevenpark mit lauschigen Ecken und zahlreichem Wassergeflügel oder der Botanische Garten mit vielen alten Bäumen und einer Aussichtsplattform mit schmiedeeiserner Bekrönung. Grün wird es auch im Düsternbrooker Gehölz und der einstigen königlich-dänischen Forstbaumschule aus dem Jahre 1788.

Die Kieler Förde begünstigte nicht nur die Entwicklung des Seehandels, sie gab der Stadt auch den Namen: Tom Kyle, am Kiel, was auf

Das Landeshaus, der Sitz des Landtages, hier mit maritimem Besuch

Aussichtsturm im Alten Botanischen Garten

niederdeutsch für Keil steht. Und eigentlich waren es sogar einmal zwei Keile, die die historische Altstadt umschlossen – der kleine und der große Kiel. Der kleine, ein Seitenarm, ist heute nur noch in Rudimenten erhalten und eher ein Teich mit Randbegrünung, der auch noch von einer großen Straßenbrücke durchschnitten wird. Die Förde aber blieb eine Lebensader für die Stadt. Hier legen die großen Fähren an, hier wird gebadet, gepaddelt und gesegelt. Eine Promenade, die Kiellinie, ist ein beliebter Spazierweg. Und das Gewässer gehört auch dem öffentlichen Nahverkehr: Hier verkehren mehrere Fähren. Ein schöner Blick auf die Stadt ist inklusive. Im Winter ist der Fahr- und Linienplan allerdings stark ausgedünnt.

Über Jahrhunderte stand Kiel im Schatten bedeutenderer schleswig-holsteinischer Städte wie Lübeck, Flensburg oder Schleswig. Heute wird das Bundesland von hier aus regiert. Das Parlament residiert im

Neues Wahrzeichen: die Klappbrücke an der Hörn

Landeshaus, der ehemaligen Akademie der kaiserlichen Marine, einem wuchtigen Backsteinbau am Ufer der Förde, das vor einigen Jahren mit einem gläsernen Plenarsaal veredelt wurde. Es hat noch eine begehbare Sehenswürdigkeit im Inneren: einen der letzten noch betriebsfähigen Paternoster in Deutschland. Auch das Justizministerium siedelt in einem historischen Gebäude, dem ehemaligen Oberlandesgericht, erbaut Ende des 19. Jahrhunderts. Die meisten der Landesbeamten allerdings müssen mit eher nüchternen Gebäuden aus neuerer Zeit vorlieb nehmen.

i Tourist-Information: Andreas-Gayk-Straße 31, 24103 Kiel, Tel. 0431-67 91 00, www.kiel-sailing-city.de

i www.kiel.de

Tiefwasserhafen – Riesige Pötte mitten in der Stadt

KIEL. Wenn plötzlich weiße Hochhäuser mit vielen kleinen Fenstern an Stellen auftauchen, wo sie vor Stunden noch nicht waren, dann ist man in Kiel. Bis in die Stadt hinein fahren die riesigen Fähren der Color und der Stena Line, sind zehn, zwölf und mehr Stockwerke hoch. Wer dort eine Kabine weit oben gebucht hat, der schaut fast schon dem Rathausturm auf Augenhöhe aufs Zifferblatt. Die nach Oslo verkehrende Color Fantasy ist 60 Meter hoch und hat 15 Decks bei einer Länge von 220 Metern. Einander gegenüber liegen Norwegen- und Schwedenkai. Es ist für die Stadt ein Segen: Kiel hat als einzige Stadt in Deutschland einen Tiefwasserhafen mitten in ihrem Zentrum. Das beschert ihr nicht nur den täglichen Fährenbesuch, auch noble Kreuzfahrtschiffe schätzen die Einfahrt direkt

Am Schwedenkai und Norwegenkai mitten in der Stadt

in die City. Die großen Pötte sind eine Sehenswürdigkeit, die manchen Besucher in die Stadt lockt, der nicht Schiff fahren, sondern nur Schiff gucken will.

Während die Fähren nach dem Ablegen gen Ostsee ausschwärmen, lassen sich die kleineren Kreuzfahrer zuweilen noch ein weiteres Mal beobachten: von der Holtenauer Hochbrücke aus, wenn sie durch den Nord-Ostsee-Kanal (siehe Seite 128/129) Kurs auf die Elbe nehmen. Kiel hat auch eine lange Schiffbautradition. Davon zeugt noch die HDW-Werft am Ostufer der Förde mit ihren mächtigen Portalkränen. Hier werden heute Spezialschiffe und U-Boote gebaut.

i Color Line, Norwegenkai, 24143 Kiel-Gaarden, Tel. 0431-7 30 01 00, www.colorline.de

i Stena Line, Schwedenkai 1, 24103 Kiel, Tel. 0180-6 02 01 00, www.stenaline.de

Kieler Woche – Größtes Segelsportereignis der Welt

KIEL. Weiße Segel, soweit das Auge blickt. Wer immer sich vom Winde treiben lässt und das im sportlichen Wettbewerb, der findet sich alljährlich Ende Juni auf der Kieler Förde ein. In vielen olympischen und auch nichtolympischen Bootsklassen wird gesegelt, und manchmal geht es gar nicht darum, wer der schnellste, sondern eher wer der schönste ist – nämlich dann, wenn die Windjammer mit geblähten Segeln auf der Förde paradieren. Aber eigentlich

Alte Segler an der Hörn

ist das Segeln mehr der Rahmen für Schleswig-Holsteins größtes Volksfest. Wer Enge schätzt, der ist hier genau richtig. Immerhin kommen drei Millionen Besucher in den zehn Tagen zusammen. Es gibt etwa so viele Veranstaltungen wie Segelboote auf der Förde: circa 2000. Zahllose Konzerte von Pop und Rock über Klassik bis Folklore sorgen für ein Programm, das an Vielfalt kaum zu überbieten ist.
Weil das Herumziehen von Bühne zu Bühne hungrig und durstig macht, wurde vor einiger Zeit der Internationale Markt erfunden. Dort gibt es dann Köstliches und Exotisches aus vieler Herren Länder.
Die Kieler Woche ist inzwischen über 130 Jahre alt. 1882 gingen zum ersten Mal vor Düsternbrook anderthalb Dutzend Yachten auf Regattafahrt. Dann wurden es Jahr für Jahr mehr. Und als 1889 der Kaiser persönlich erschien, bekamen die Wettfahrten majestätischen Glanz. Zumal Wilhelm II. – vom Ehrgeiz geplagt – auch gern mit seiner kaiserlichen Yacht »Meteor« an Regatten teilnahm. Weil das nicht immer von Erfolg gekrönt war, musste deshalb eine immer schnellere Yacht her und der Monarch ließ insgesamt fünf »Meteore« bauen. Die Kieler Woche hat den Kaiser überlebt. Im Gegenteil, ihren wahre Glanzzeit erreichte sie erst in der Gegenwart. Und zuweilen kommt auch in der Neuzeit das Staatsoberhaupt vorbei.

i www.kieler-woche.de

Eine berühmte Kielerin: die Sprotte

Sprotten gibt es nicht nur in der Kieler Förde, sondern außer in der Ost- auch in der Nordsee, im Atlantik und sogar im Mittelmeer. Die kleinen Fische - selten mehr als 15 Zentimeter lang - werden erst zu Kielerinnen, wenn sie den Räucherofen verlassen. Die fettreiche Sprotte lässt sich besonders gut räuchern. Ein Genuss. Früher aß man sie unausgenommen samt Kopf und Schwanz, das ist etwas aus der Mode gekommen. Die nahrhaften Delikatessen waren einst weit verbreitet, weil auch lange haltbar in der Vor-Kühlschrank-Ära. Bis vor etwa 150 Jahren zogen Fischer von Kiel und vor allem von Eckernförde aus mit Segelbooten vor die Küsten zum Sprottenfang. Immer zwei Boote zogen ein Schleppnetz. Und weil Kiel damals schon etwas bekannter war als Eckernförde, wurden sie zu Kieler Sprotten. Eine Geschichte besagt, dass sie Ende des 19. Jahrhunderts noch mangels eigenem Gleisanschluss per Pferdefuhrwerk nach Kiel gebracht wurden und die Kisten dort als Absendeort »Kiel Bahnhof« aufgestempelt bekamen. Auch heute kommen die Räucherfische meist aus dem Ostseebad Eckernförde, wo nur einer von einst vielen Räucherbetrieben überlebte. Ihren historischen Namen haben sie behalten. Und wenn sie goldgelb in kleinen Holzkisten Spalier liegen, ganz akkurat ausgerichtet, hätte auch der Kaiser Freude daran gehabt.

Freilichtmuseum – Schleswig-Holstein im Kleinen

MOLFSEE. 70 Bauern- und Handwerkerhäuser, drei Wind- und eine Wassermühle, dazu Meierei und Apotheke – auf 60 Hektar ist, in eine Hügellandschaft eingebettet, ein Stück Schleswig-Holstein im Kleinen aufbewahrt. Die historischen Gebäude standen einst in den verschiedenen Regionen des Landes und waren meist in desolatem Zustand. Dann wurden sie ab- und detailgetreu im Freilichtmuseum Molfsee vor den Toren Kiels wieder aufgebaut und im Inneren mit altem Mobiliar ausgestattet, etwa so, wie sie einst eingerichtet waren: der Vierseitenhof aus Dithmarschen, das Fischerhaus aus Gothmund, das Haus des Walfang-Kommandanten aus Nordfriesland, die Landarbeiterkate aus Wilster. Dass die vermeintlich »gute alte Zeit« so gut nicht war, kann der Besucher am eigenen Leibe spüren, wenn er beispielsweise in einer »Butze« Platz nimmt, was früher der übliche Schlafplatz war und eher nicht dem entspannten Ausstrecken diente. Zudem fühlten sich im klammen Stroh Läuse, Wanzen und Asseln wohl.
Seit 1965 gibt es das umfängliche Museum, gegründet, um die wertvolle Bausubstanz der bäuerlichen Architektur zu retten. Entstanden ist eine einmalige Sammlung bäuerlicher Baukultur, die die vielen Stile zeigt, wie sie vom Lauenburgischen bis zur dänischen Grenze üblich waren und

Kieferknochen eines Wals als Eingang zum Walfängerhaus

Historische Bauernhäuser in Molfsee

Spinnkopfwindmühle und mitwachsender Wetterschutz für das Erntegut

zum Teil schon sehr selten geworden sind. Deshalb erhielt das Museum auch im Jahr 2013 den Namenszusatz »Landesmuseum für Volkskunde«. Vor allem im Sommer können Besucher verschiedenen Handwerkern über die Schulter schauen. Da arbeiten Drechsler und Korbmacherin, Uhrmacher und Schmied, Bäcker und Töpferin. Sollten vom langen Laufen und Zuschauen die Beine müde werden – durch das weitläufige Gelände zieht ein alter Trecker zwei Wagen der Museumsbahn.

i Freilichtmuseum Molfsee - Landesmuseum für Volkskunde, Hamburger Landstraße 97, 24113 Molfsee, Tel. 0431-65 96 60, www.freilichtmuseum-sh.de
Öffnungszeiten: April–Okt. täglich 9–18 Uhr, Nov.-März nur So 11–16 Uhr

Computermuseum - Sammlung junger Technik

KIEL. Atari, Commodore – das ist lange her. Auf keinem anderen Gebiet der Technik geht die Entwicklung so rasant voran wie in der Computerbranche. Was heute gekauft wird, ist schon in wenigen Jahren nur noch Elektronikschrott. Und vergessen. Außer in Kiel. Dort zog in einen alten Bunker auf dem Gelände der Fachhochschule ein Computermuseum ein, in dem viele der frühen Geräte stehen, so die ersten mechanischen Rechner, in denen Zahnräder die Zählarbeit verrichteten, und die ersten Maschinen des deutschen Computerpioniers Konrad Zuse mit ihren zahllosen, klackernden Relais. Hier haben einige der Großrechner der 1960er und 1970er Jahre überlebt, die ganze Schrankwände füllten, aber in der Rechenleistung von ipad & Co. der Neuzeit weit in den Schatten

Ein Zuse-Computer Z11

gestellt werden. Magnetbandrollen speicherten zu Dutzenden noch nicht das, was heute ein kleiner Stick an Daten aufsaugt. Kaum noch vorstellbar die Zeit, als winzige Löcher in Pappkärtchen gestanzt wurden zwecks Informationssammlung und Verarbeitung. Zu sehen sind der Apple II, der erste wirklich praxistaugliche Heimcomputer, der millionenfach gebaut wurde, sowie die ersten IBM-Bürocomputer und auch manch Überbleibsel aus den Randgebieten der Computertechnik wie ein frühes C-Netz-Funktelefon. Damals hatte der Nutzer ordentlich was zu tragen. Manches kann der Besucher des Computermuseums auch ausprobieren. Tiefere Einblicke geben zahlreiche Filme auf den Bildschirmen.

i Computermuseum der Fachhochschule Kiel, Eichenbergskamp 8, 24149 Kiel, Tel. 0431-2 10 17 41, www.computermuseum-kiel.de
Öffnungszeiten: Sa–So jeweils 14–18 Uhr

Nord-Ostsee-Kanal – Nirgendwo fahren mehr Schiffe

RENDSBURG. Um die 100 Kreuzfahrtschiffe fahren pro Jahr einmal quer durch Schleswig-Holstein. Nicht die allergrößten dieser Welt, was weniger an der fehlenden Handbreit Wasser unterm Kiel als an den Abmessungen der Schleusen in Kiel-Holtenau und Brunsbüttel liegt. Allerdings machen die Kreuzfahrer nur einen Bruchteil der Schiffe aus, die den Nord-Ostsee-Kanal durchfahren. Mit etwa 35 000 pro Jahr – das sind immerhin fast 100 pro Tag! – ist diese künstliche Schifffahrtsstraße die meistbefahrene der Welt. Weit vor Suez- und Panama-Kanal.

1895 eröffnete nach acht Jahren Bauzeit Kaiser Wilhelm II. den Kanal, um damit seinen Kriegsschiffen einen schnellen Weg von einem Meer zum nächsten zu bahnen. »Kaiser-Wilhelm-Kanal« hieß das Bauwerk noch zur Eröffnung, benannt nach Großvater Wilhelm I., der den Kanalbau maßgeblich vorangetrieben hatte. Allerdings wuchsen die Schlachtschiffe schneller, als sich das die Kanal-Erbauer gedacht hatten, schon 1907 musste wieder gebaggert werden. Die neuen, zusätzlichen Schleusen wurden mehr als doppelt so lang wie die alten.

Der Traum vom direkten Schifffahrtsweg von der Nord- zur Ostsee ist schon ein halbes Jahrtausend alt. Herzog Adolf I. von Gottorf hat ihn ver-

Schiffe in Kolonne auf dem Nord-Ostsee-Kanal

geblich geträumt. Erst im späten 18. Jahrhundert war im wahrsten Sinne des Wortes der Durchbruch geschafft: Der »Schleswig-Holsteinische Canal« verband Kiel mit der Eider bei Rendsburg. Allerdings war die Wasserstraße mehr als 170 Kilometer lang, und wegen des Geschlängels auf der Eider dauerte eine Passage mindestens drei Tage.
Der Kanal ist nicht nur bei Reedern beliebt. Mindestens ebenso bei Radwanderern, denn das Gewässer säumen zwei Betriebswege der Wasser- und Schifffahrtsdirektion. Bei einer Wettfahrt mit einem Kreuzfahrer stehen wegen der Geschwindigkeitsbegrenzung für Schiffe die Siegchancen für die Pedalritter nicht schlecht. Allerdings ist für ein bloßes Wettrennen die Gegend zu schön. Deshalb gibt es zahlreiche Abstecherrouten, die weiter ins Land führen. Und immer auch wieder zum Kanal zurück.

Michael [illegible]
Nico [illegible]

i www.kiel-canal.org

Jevenberg

i www.nord-ostsee-kanal-info.de

5 Häuser
das ist das ganze Dorf

Der NOK

Der Nord-Ostsee-Kanal – oder kurz NOK genannt – ist 98 Kilometer lang, zwischen 100 und 162 Meter breit und elf Meter tief. Anders als sein Name vermuten lässt, beginnt er nicht in der Nordsee, sondern in Brunsbüttel an der Elbe. Das andere Ende liegt tatsächlich an der Ostsee, in der Kieler Förde. International heißt er »Kiel-Canal«. Es gibt in Brunsbüttel und Kiel-Holtenau je vier Schleusen, jeweils zwei kleine, aber auch schon über 200 Meter lange und zwei große, 310 Meter lang. Zehn Brücken überspannen den Kanal, hinzu kommen ein Straßen- und ein Fußgängertunnel. Dazu verkehren noch 14 Fähren – alle kostenlos.

Kanal-Brücken – Ingenieurskunst vom Feinsten

RENDSBURG. Der Nord-Ostsee-Kanal verbindet zwar zwei Meere, aber mit seinem Bau wurden Dörfer und Kulturlandschaften zerschnitten und kleine Flüsse verloren ihr Quellgebiet. Letzteres war nicht zu beheben, aber zumindest der Verkehr sollte weiter – relativ – ungehindert rollen. Deshalb wurden zahlreiche Brücken gebaut und Fähren eingerichtet. Die alten Drehbrücken sind alle nicht mehr vorhanden, die letzte wich in Rendsburg in den 1960er Jahren. Dafür gibt es heute zehn Hochbrücken, die den Aufbauten der Schiffe nicht im Wege sind – vorausgesetzt, letztere ragen nicht mehr als 40 Meter in die Höhe. Das schließt so manches Kreuzfahrtschiff von der Passage aus und zwingt zum Umweg über das zumeist recht windige Skagerrak.

Beeindruckend sind besonders die stählernen Fachwerkbrücken aus der Frühzeit des Kanals, eine schöner als die andere. Zu einer verbuddelte im Sommer 1893 sogar der Kaiser persönlich den Grundstein. Nur anderthalb Jahre später war die Levensauer Hochbrücke bereits fertig, Züge und Lastwagen konnten rollen. Diese Brücke ist jetzt durch einen Neubau bedroht.

Ein filigranes Wunderwerk der Ingenieurkunst stellt die Eisenbahnbrücke der Marschenbahn Hamburg-Westerland bei Hochdonn dar. 1920 ersetzte sie die alte Drehbrücke Taterpfahl, die dann später an der Schlei bei Lindaunis Verwendung finden sollte (siehe Seite 140). Wie ein auf die Seite gelegter Eiffelturm erscheint die Brücke, nur ist sie sehr viel länger. Mehr als zwei Kilometer misst die stählerne Konstruktion

Filigranes Meisterwerk: die Eisenbahnbrücke Hochdonn

auf ihren zweibeinigen Stützen. Fast 15 000 Tonnen wiegt die gesamte Konstruktion, ein Zehntel davon der sogenannte Schwebeträger, der den eigentlichen Kanal überquert. Der nicht unerhebliche Rest entfällt auf die Zufahrten, der Zug muss sich erst einmal auf die 42 Meter lichte Höhe emporarbeiten. Der Stellplatz für Wohnmobile gleich nebenan ist der ideale Aussichtspunkt auf Brücke und Züge.
Die dritte im Bunde der historischen Viadukte ist die Eisenbahnhochbrücke in Rendsburg – mit ihren fast zweieinhalb Kilometern die längste und über 100 Jahre alt. Dass sie auf diese Länge kommt, hat einen einfachen Grund: Die Züge müssen eine volle Ehrenrunde auf der stählernen Stelzenbahn drehen, damit sie aus luftiger Höhe der Brücke den nur wenige 100 Meter entfernten Bahnhof Rendsburg fast 40 Meter tiefer erreichen können. Die ohnehin schon beeindruckende Konstruktion ist zudem sozusagen zweistöckig – unten dran hängt noch eine Fähre.

i www.rendsburger-hochbruecke.de

i www.nok-sh.de

Top ➠ Schwebefähre – Rarität an Seilen

RENDSBURG. Ein kurzes Rucken, dann setzt sich das Gefährt in Bewegung. Es schwingt etwas. Nebenan hängen Rettungsringe und unterhalb der Plattform auch viereckige kleine Rettungsinseln. Eine Seilbahn ist es nicht, obwohl es an Seilen hängt. Es ist eine Fähre, mit Positionslichtern wie ihre schwimmenden Artgenossen. Nur statt einer Handbreit Wasser hat sie stets vier Meter Luft unterm Kiel. Rund zwei Minuten braucht die

Die Fähre in der Schwebe

Schwebefähre vom Rendsburger zum Osterrönfelder Ufer des Nord-Ostsee-Kanals. 14 Meter lang, sechs Meter breit ist sie und wird getragen von zwölf Seilen. Vier Autos haben auf einmal Platz sowie jede Menge Fußgänger und Fahrradfahrer. Seit der Eröffnung 1913 verkehrt sie nach demselben festen Fahrplan, immer früh ab fünf Uhr, wie das die Brückenbetreiber damals den Bewohnern rechts und links der Wasserstraße versprochen haben.

Alle Viertelstunde legt die Schwebefähre ab vom Nord- wie vom Südufer. Wenn nicht gerade ein Schiff auf dem Kanal kommt. Das hat Vorfahrt, auch weil die Fähre deutlich schneller bremsen kann als ein viele tausend Tonnen schwerer Containerfrachter. Jene werden gleich nebenan freundlich willkommen geheißen mit heimatlicher Hymne. Denn dort befindet sich eine Schiffsbegrüßungsanlage, ähnlich »Willkommhöft« an der Elbe.

Nur noch acht Schwebefähren gibt es weltweit, drei davon in Deutschland. Aber nur über eine donnern in der oberen Etage auch noch schwere Güter- und Personenzüge hinweg. Die Rendsburger Schwebefähre ist der Glanzpunkt des an technischen Denkmalen nicht armen Nord-Ostsee-Kanals, der zudem als beliebtes Ausflugsziel und Erholungsgebiet gilt.

- www.deutsche-faehrstrasse.de
- www.wsa-kiel.wsv.de
- www.nok-sh.de

2021 wegen Schiffsunfall neue Schwebefähre, muß noch angehängt werden.

Blaue Route – Entdeckungen in der Stadt am Wasser

RENDSBURG. Ein blauer Strich führt kreuz und quer durch die Stadt. Selten werden Besucher so zielgerichtet von einer Sehenswürdigkeit zur nächsten geführt wie in Rendsburg. 30 sind es an der Zahl, die an der 3,2 Kilometer langen Strecke liegen. Und wer noch einen Abstecher ans

Historisches Rathaus mit Glockenspiel

Fast 500 Jahre alt: Zum Landsknecht

Bewegliche Skulpturen auf dem Markt

andere Kanalufer machen will, für den sind es noch einmal jeweils gut tausend Schritte mehr. Aber dafür unterquert er den Kanal im Fußgängertunnel und darf mit einer der längsten (west-)europäischen Rolltreppen in die Tiefe fahren. Die Blaue Route durch die Stadt führt vorbei am historischen Rathaus von 1566 und der Marienkirche von 1287, dem ältesten Bauwerk der Stadt, dann über den Paradeplatz, auf dem über mehrere Jahrhunderte des Militärs Glanz und Gloria zelebriert wurden, bis zum ältesten Bürgerhaus, das einmal das Gasthaus Zum Landsknecht beherbergte. Dort hebt jedoch kein Gast mehr das Glas. Auch die fast 300 Jahre alte Garnisonsapotheke gehört zu den Sehenswürdigkeiten sowie die Stelle, an der 1725 zum letzten Mal in der Stadt einem Missetäter mit dem Schwerte der Kopf vom Rumpf getrennt wurde.
An Rendsburg, der Stadt am Wasser, führte schon der Nord-Ostsee-Kanal-Vorgänger »Schleswig-Holsteinischer Canal« vorbei, hier fließt die Eider, es gibt mehrere Seen. Und so wird die Stadt sowohl von Wasserwanderern geschätzt als auch von Ausflüglern, die hier per Dampfer über den Kanal oder Richtung Nordsee über die Eider starten. Für einen schönen Blick auf alles sind 187 Stufen hoch zur Aussichtsplattform der Rendsburger Hochbrücke zu steigen. Nur mit einem sachkundigen Führer natürlich.

Per Rolltreppe zum NOK-Tunnel

i Tourist-Information:
Schiffbrückenplatz 17,
24768 Rendsburg,
Tel. 04331-2 11 20, www.tinok.de

U 995 – Ein U-Boot auf Landgang

U 995 am Strand von Laboe

LABOE. Es schaut aus wie ein riesiger Wal, der den Strand von Laboe versehentlich mit der offenen See verwechselt hat. Ein graues Ungetüm, 67 Meter lang. Es hört auf den Namen U 995 und ist rund 70 Jahre alt. Kurz vor Ende des Zweiten Weltkrieges wurde dieses deutsche U-Boot in Dienst gestellt, war vor Norwegen im Einsatz und gehörte dann als Kriegsbeute bis 1962 zur norwegischen Marine, bevor es an Deutschland zurückgegeben wurde – mit der Maßgabe, es zu einem Mahnmal für den Frieden zu machen. Seit 1972 liegt es nun am Strand von Laboe und ist eines der friedlichsten U-Boote der Welt. Millionen von Besuchern drängten sich seitdem durch die beängstigende Enge des stählernen Ungetüms, vorbei an unzähligen Stellrädern und Rohrleitungen, durch enge Schotts. So kommen schnell Erinnerungen auf an den berühmten Petersen-Film »Das Boot« über die Schrecken des U-Boot-Krieges.

Das Marine-Ehrenmal

Dem U-Boot auf Landgang gegenüber steht der wuchtige Turm des Marine-Ehrenmals. Zunächst als Gedenkstätte für die im Ersten Weltkrieg gefallenen deutschen Marinesoldaten errichtet, ist es heute »Gedenkstätte für die auf See Gebliebenen aller Nationen« und soll Mahnmal sein für eine friedliche Seefahrt auf den Meeren. Es gibt eine unterirdische Gedenkhalle. Von der Aussichtsplattform in 85 Metern Höhe sieht das U-Boot zu Füßen des Mahnmals wie ein Spielzeug aus. Der Blick reicht weit über das Meer und die Förde bis nach Kiel. Auch wenn viele Laboe vor allem mit dem U-Boot und dem Ehrenmal verbinden – eigentlich ist der Ort ein beliebtes Ostseebad mit großem Yachthafen, langem Sandstrand, Meerwasserschwimmbad und Meeresbiologischer Station. Im Sommer fährt ein Förde-Dampfer direkt bis in die Kieler City.

i U-Boot und Ehrenmal, Strandstraße 92, 24235 Laboe, Tel. 04343-49 48 49 30, www.deutscher-marinebund.de, Öffnungszeiten: April–Okt. täglich 9.30–18 Uhr, Nov.–März täglich 9.30–16 Uhr

i Tourist-Information: Börn 2, 24235 Laboe, Tel. 04343-42 75 53, www.laboe.de

Technikschatz – Schleswig-Holsteins letzte Straßenbahn

SCHÖNBERG. Straßenbahnen haben in Schleswig-Holstein wie auch in Hamburg schon seit mehreren Jahrzehnten ausgedient. Wer sie noch einmal erleben möchte, muss an die Ostsee nach Schönberger Strand östlich von Kiel fahren. Dort wurden mehrere Dutzend der alten Triebwagen und Anhänger dank eines rührigen Vereins vor dem Schneidbrenner gerettet. Sie fahren auf eigenem Bahngelände, nicht täglich, aber an vielen Wochenenden und manchmal auch in der Woche. Historische Schätze stehen auf dem Gleis, manche schon mehr als ein Jahrhundert alt, die jüngsten aus den 1950er Jahren, darunter einige Unikate. Viele sind noch betriebsfähig und rattern über die Schienen. Die gibt es in mehreren Spurweiten: Während in Hamburg auf Eisenbahn-Regelspur gefahren wurde, verkehrten Lübecks und Kiels Straßenbahnen auf schmaler Spur von 1100 Millimetern. Viele Fahrzeuge harren noch der Restaurierung, Rost und Zahn der Zeit haben Spuren hinterlassen. Highlight des historischen Betriebes ist die Straßenbahn-Fahrschule an mehreren Tagen im Jahr. Da dürfen Besucher selbst – unter Aufsicht – an die Kurbel und die altehrwürdigen Gefährte durch das Gleislabyrinth steuern.

Abfahrbereite Straßenbahnen in Schönberger Strand

Immer wieder toll

mit Zug + Straßen 2021 gefahren Heidi, Eckhard + ich

Zur Fahrschule bitte Platz nehmen!

Freigelände mit historischen Waggons

Der Verein Verkehrsamateure und Museumsbahn e.V. (VVM) betreibt – neben dem Lokschuppen Aumühle im Kreis Herzogtum Lauenburg (siehe Seite 55) – in Schönberger Strand als »lebendes Bahnmuseum« zur Straßenbahn noch eine historische Kleinbahn. Das ist wohl einmalig in Deutschland. Viele alte Bahnwaggons sind nebenan am Bahnsteig zu bestaunen. Mehrere Dieselloks gehören zum Bestand, ein historischer, in Wismar gebauter Dieseltriebwagen und auch eine alte Dampflok. An mehreren Wochenenden geht es per Zug auf Strecke in die nahe Stadt Schönberg.

i Museumsbahnhof und Straßenbahn Schönberger Strand, Am Schierbek 1, 24217 Schönberg, Tel. (an Betriebstagen) 04344-23 23. Das Gelände des Museumsbahnhofs ist ständig zugänglich, die Fahrzeughalle an den Betriebstagen. Terminplan unter www.vvm-museumsbahn.de

Mittelalterzentrum – Eine Burg im Hügelland

LÜTJENBURG. Turmhügelburgen gab es einst viele in dieser Region Holsteins – mehr als 40 Burghügel sind im Kreis Plön nachgewiesen, davon fast ein Dutzend rund um die heutige Stadt Lütjenburg. Sie entstanden zumeist im 13. Jahrhundert im Zuge der Christianisierung dieser Gegend, die damals vom slawischen Stamm der Wagrier besiedelt war. Zu jener Zeit zogen deutsche Ritter und Siedler gen Nordosten, setzten sich dort fest, obwohl sie mitunter eher harsch mit Pfeil und Lanze begrüßt wurden. Die Neuankömmlinge – oder Kolonisatoren – befestigten ihre Wohnsitze. Der Landadel baute sich Turmhügelburgen, rundherum entstand meist eine Vorburg, der Wirtschaftsteil des neuen Gemeinwesens. Von diesen mittelalterlichen Burgen hat keine die Zeiten überdauert. Nach 2002 begann man jedoch im Nienthal bei Lütjenburg mit der Rekonstruktion einer solchen Anlage und griff dabei zurück auf Ausgrabungen in der Nähe, den Glockenturm von Norderbrarup in ähnli-

Die Turmhügelburg im Nienthal bei Lütjenburg

cher Bauweise sowie auf ein Gemälde Albrecht Dürers, das eine solche zum Wohnhaus umgebaute Burg zeigt. Entstanden ist ein handwerklich kunstvoll hergestelltes Gebäudeensemble: die hölzerne Burg mit breitem Wassergraben, Wohn- und Stallgebäude, eine Schmiede, ein Backhaus und ein Brunnen nach historischem Vorbild. Das stattlichste Gebäude ist das Wohnhaus eines Ritters – mit Fußboden- und Luftheizung. Das Vorbild für diesen sogenannte Hypokaustofen wurde bei Ausgrabungen am Großen Schlichtenberg in der Nähe gefunden. Er war von außen durch das Gesinde zu beheizen.

Das Freilichtmuseum ist ganzjährig zu besichtigen, es empfiehlt sich die Teilnahme an einer Führung. Gruppen können zeitweise im Gelände wohnen. Es finden Vorträge und mittelalterliche Veranstaltungen statt.

i Turmhügelburg, Bunendorp, 24321 Lütjenburg, Tel. 04381-91 88 47, Führungen Mi, Sa–So jeweils 15 Uhr, Termine unter www.turmhuegelburg.de

i Tourist-Information: Markt 4, 24321 Lütjenburg, Tel. 04381-41 99 41, www.stadt-luetjenburg.de

Im Wohnhaus des Ritters

Altes Handwerk in der Burg

Der Dom zu Schleswig 2021 renoviert – mit Gerda

Die Schlei-Region

Die Dörfer hier hören auf so merkwürdige Namen wie Ahneby, Haddeby oder Ulsnis. Die hügelige Landschaft formte die letzte Eiszeit. Eine Region mit langer Geschichte erstreckt sich beidseits der Schlei: Nördlich des Fjords liegt Angeln, südlich Schwansen. Der Norden wurde einst von den namensgebenden Angeln besiedelt, die aber schon um das Jahr 500 herum auswanderten ins heutige England. Ihnen folgten Dänen, die die ungewöhnlichen Ortsnamen beisteuerten, auch im südlichen Schwansen. Geschichte machten hier aber vor allem die Wikinger, die an der Schlei ihr großes Handelszentrum Haithabu errichteten.

Schlei – Größter deutscher Ostseefjord

SCHLESWIG. Die Schlei, gern als Deutschlands größter Ostseefjord bezeichnet, ist im geologischen Sinne gar kein richtiger Fjord. Denn den hätte die Zunge eines Gletschers in den Boden gefräst und die Schlei wäre mit viel steileren Uferflanken ausgestattet. Aber »Ostseefjord« klingt schön nach wilder Natur, Urlaub und Freizeit. Die gut 40 Kilometer lange Schlei bietet das alles, egal welcher Herkunft sie nun ist. Vor allem Wassersportler sind begeistert. Kaum ein heimisches Gewässer hat auf so kurzer Strecke so viele unterschiedliche Wasserlandschaften zu bieten: Mal ist die Schlei schmal wie ein Fluss, mal breit wie ein ausgewachsener Binnensee, mal zieht sie sich wie ein langes Haffgewässer hin. Dabei ist sie ein Stück Ostsee und mit Brackwasser gefüllt, dessen

Idylle am Wasser

Viele Yachthäfen säumen die Buchten am Fjord.

Salzgehalt von der Mündung bei Schleimünde bis zum Ende in Schleswig ständig abnimmt.

Besonders Segler schätzen das Gewässer, schließlich braust es durch die Ostseenähe oft ganz kräftig und das treibt die Boote flink voran. Was es für Paddler jedoch nicht leichter macht, besonders wenn der Wind in Längsrichtung hineinbläst und sich das Wasser zu beeindruckenden Wellen auftürmt. Aber es gibt genug stille Buchten und sogenannte Noore am Rand, in denen man das Paddel schwingen kann. Immerhin verteilen sich auf die 40 Kilometer Gewässerlänge rund 160 Kilometer Küstenlinie. Eine beschauliche Hügellandschaft mit kleinen Dörfern und Städten erstreckt sich zu beiden Seiten. Es gibt zahlreiche Marinas und Zeltplätze entlang der Ufer.

Ziemlich genau in der Mitte steht auch ein beeindruckendes technisches Denkmal – die Schleibrücke Lindaunis. 1927 wurde diese imposante stählerne Klappbrücke über die Schlei gebaut, als Ersatz für eine vorherige Drehbrücke. Weithin zu sehen ist ein riesiger Betonklotz auf der Angeler Seite, der als Gegengewicht für die Brücke dient. Bis 1975 zerrten noch Ketten die tonnenschwere Querung in die Höhe, seitdem übernimmt das eine Hydraulik. Die Brücke bildet ein Nadelöhr für den Verkehr, denn sie ist nicht nur einspurig, sie ist auch eingleisig. Zug und Auto müssen sie sich teilen. Auch ist sie ein gutes Beispiel frühen Recyclings: Die beiden festen Brückenteile gehörten zu Beginn des vorigen Jahrhunderts noch zur Drehbrücke Taterpfahl zwischen Eddelak und St. Margarethen über den Nord-Ostsee-Kanal (siehe Seite 130).

i www.ostseefjordschlei.de

Namensgeberin der Region: Schleswig

Schleswig ist der nordwestliche Teil Schleswig-Holsteins. Er geht auf das frühere Herzogtum Schleswig zurück, das bis 1864 existierte und eng mit Dänemark verbunden war. Die Stadt Schleswig war die »Hauptstadt« – auf Schloss Gottorf residierten die Herzöge. Im Jahr 2004 konnte Schleswig sein 1200-jähriges Jubiläum feiern, es ist damit eine der ältesten deutschen Städte. Nach dem Deutsch-Dänischen Krieg von 1864 wurde Schleswig Hauptstadt der preußischen Provinz Schleswig-Holstein, war dann Verwaltungssitz und vor allem Garnisonsstadt.

Nach dem Zweiten Weltkrieg verlor die Stadt Schleswig stark an Bedeutung. Die Landesregierung hat seitdem ihren Sitz in Kiel, und selbst der Kreis Schleswig ging später im Kreis Schleswig-Flensburg auf. Immerhin blieb die Kreis-Verwaltung an der Schlei. Heute hat die Stadt rund 23 000 Einwohner, hier sind die Landesgerichte Schleswig-Holsteins ansässig, und auf Schloss Gottorf zogen die Landesmuseen ein. Ihre im wahrsten Sinne des Wortes herausragende Sehenswürdigkeit ist der Dom.

Haithabu – Heimat der Wikinger

HADDEBY. Es ist mehr als 1000 Jahre her, da blühte am Ufer des Haddebyer Noors ein Handelszentrum von europäischem Rang auf. Es hieß Haithabu, was so viel bedeutet wie Heidehof. Hof jedoch ist eine maßlose Untertreibung, denn an dieser Stelle stand die erste Stadt des frühmittelalterlichen Nordeuropas. Vom 9. bis zum 11. Jahrhundert trieben die Wikinger von hier aus Handel mit allen Teilen der damals bekannten Welt. Glimmerschiefer für Mühlsteine aus Norwegen wurden hier

Rekonstruierte Wikinger-Häuser in Haithabu

V mit Volkert Christiane (Bus)

Blick unters Dach eines Wikinger-Hauses

Alte Töpferwaren

umgeschlagen, Pelze aus Russland, Seide aus Mittelasien, Silber, natürlich auch Bernstein, Fisch und andere Lebensmittel, Töpferwaren. Dafür war Haithabu ideal gelegen: An einer versteckten Bucht an der Schlei, dem Haddebyer Noor, kreuzten sich zwei Handelswege. Von Nord nach Süd führte der Ochsenweg, nach Osten konnten die Schiffe über die Schlei gen Ostsee fahren, und nur wenige Kilometer weiter westlich begann der Wasserweg über Eider und Treene zur Nordsee. Mit ihren seegängigen Schiffen waren die Wikinger weit unterwegs, nicht immer allerdings willkommen, weil zuweilen in wenig friedlicher Absicht. In angelsächsischen und nordfränkischen Revieren fürchtete man ihre Plünderfahrten, zumal sie auch vor Kirchen und Klöstern nicht haltmachten.
Noch bis heute lässt sich die Größe Haithabus erahnen. Ein hoher Ringwall umschließt das einstige Siedlungsgebiet, in dem vermutlich mehrere tausend Menschen wohnten. In seinem Zentrum wurden ab 2008 eine Landungsbrücke und sieben Häuser nach historischen Funden wieder aufgebaut, die Einblick gewähren in den Lebensalltag zur Wikingerzeit. So entstanden das Haus des Tuchmachers, des Händlers und auch eine Herberge.
Im Sommer wird in Haithabu historisches Handwerk vorgeführt, lebt man in den Hütten so wie vor über einem Jahrtausend. Ein 1985 nahe dem alten Siedlungsplatz errichtetes Museum zeigt die originalen Funde vom Haddebyer Noor: Waffen, königliches Tafelgeschirr, Schmuck, Runensteine ... Der spektakulärste und zugleich größte Fund ist ein Langschiff der Wikinger, mit dem sie auf große Fahrt gingen. Ende der 1970er Jahre wurde es ausgegraben und aufwändig konserviert.

i Wikingermuseum Haithabu, Am Haddebyer Noor 5, 24866 Busdorf,
Tel. 04621-81 32 22, www.schloss-gottorf.de/haithabu
Öffnungszeiten: Museum und Siedlung April–Okt. täglich 9–17 Uhr,
Nov.–März Di–So 10–16 Uhr, Wikinger-Häuser geschlossen

Danewerk – Größtes Bodendenkmal Nordeuropas

DANNEWERK. Es gilt als das größte Bodendenkmal Nordeuropas: das Danewerk, eine rund 30 Kilometer lange Wallanlage, die zu ihrer Entstehungszeit das Reich der Wikinger und ein paar Jahrhunderte später das frühe Dänemark schützte. Die riesigen Wälle nahe der Ortschaft Dannewerk sind bis heute erhalten, zum Teil mit großen alten Laubbäumen bestanden, zum Teil aber auch schon von Archäologen freigelegt.
In deutsch-dänischer Gemeinschaftsarbeit wurde auch eine alte Artillerieschanze – von einst 27 – wieder so hergerichtet, wie sie einst als Verteidigungsanlage diente. Allerdings erst in den dänisch-preußisch/österreichischen Kriegen Mitte des 19. Jahrhunderts.
Für das imposante Bauwerk schaufelten zunächst die Wikinger im 8. bis 10. Jahrhundert, im 12. Jahrhundert ließ es Dänenkönig Waldemar I. weiter befestigen. Hunderttausende Ziegel wurden vermauert, ein Stück davon ist als sogenannte Waldemarsmauer wieder zu betrachten. Immerhin 850 Jahre nach ihrer Entstehung macht sie noch einen stabilen Eindruck. Dieser Festungswall riegelte die Landenge zwischen Ostsee und Nordsee ab. Von Westen reichen die Flüsse Eider und Treene bis an die Mauer, von Osten die Schlei. Mitten hindurch führte der Ochsenweg, über den Jahrhunderte lang Vieh aus Jütland bis an die Elbe zur Vermarktung getrieben wurde. Im Dänischen heißt der Weg Hervej – Heerweg, was seiner Bestimmung recht nahe kommt. Im Danewerk gab es dafür nur ein einziges Tor und das wird seit 2010 ausgegraben. Vermutet hatten es Fachleute an jener Stelle gleich neben einer Straße schon länger. Allerdings stand dort, wo einst Heere und Ochsen passierten, das Café Truberg im Weg. Nach dessen Ende konnten Abrissbagger den Weg

Nach fast einem Jahrtausend noch erhalten: die Waldemarsmauer

Artillerieschanze aus dem 19. Jahrhundert

freimachen zum bald 1000 Jahre alten und damals einzigen Tor zwischen Nord- und Zentraleuropa. Keine 100 Meter entfernt steht das Danewerk-Museum, das seit 1990 die Geschichte des historischen Walles von seinen Vorläufern um 500 bis ins 19. Jahrhundert dokumentiert. Das Bauwerk lässt sich als archäologischer Park in Teilen auch erkunden – es ist eine schöne Wanderung mitten durch die Geschichte.

i Danewerk-Museum, Ochsenweg 5, 24867 Dannewerk, Tel. 04621-3 78 14, www.danevirkemuseum.de, Öffnungszeiten: Mitte Febr.-Ende März Di-So 10-16 Uhr, Ende März-Ende Okt. Di-Fr. 9-17 Uhr, Sa, So 10-17 Uhr, Ende Okt.-Ende Nov. Di-So 10-16 Uhr, Dezember bis Mitte Februar geschlossen

Schloss Gottorf – Schleswig-Holsteins Schatzkammer

SCHLESWIG. Mehr Kunst, Kultur und Historie findet man im Norden so nicht an einem Platz. Die Landesmuseen Schloss Gottorf in Schleswig sind die Schatzkammer Schleswig-Holsteins. Allein das Schloss mit Teilen der Einrichtung aus jenen Zeiten, als hier die Herzöge von Schleswig-Holstein-Gottorf residierten und Sprösslinge aufwuchsen, die später als russische Zaren oder schwedische Könige Geschichte schrieben, ist einen Besuch wert. Die Schlosskapelle aus dem späten 16. Jahrhundert oder der Hirschsaal mit seinen prächtigen Wand- und Deckenmalereien aus derselben Zeit gewähren einen Blick in jene weit zurückliegende Zeit. Zugleich finden in der Kapelle regelmäßig Orgelkonzerte bekannter Organisten statt.

Im Landesmuseum für Archäologie finden sich die frühesten Siedlungsspuren Schleswig-Holsteins: Faustkeile von vor 120 000 Jahren, als noch Neandertaler die nordischen Hügellande durchstreiften. Zeugnisse von Jägern der Steinzeit, die vor gut 10 000 Jahren mit Pfeil und Bogen unterwegs waren. Spuren der ersten Bauern, die vor rund 5000 Jahren Tiere hielten und einen unglaublichen Aufwand betrieben, um ihre Toten

Schloss Gottorf

in riesigen Megalithgräbern zu bestatten. Großer Anziehungspunkte in diesem Museum sind die Moorleichen und das Nydamboot, ein frühes Kampfschiff aus der Zeit um 300 n. Chr., dem eine eigene Ausstellungshalle – das frühere Exerzierhaus – gewidmet ist. Schloss Gottorf ist auch Heimstatt für ein knappes Jahrtausend schleswig-holsteinischer Kulturgeschichte. Unter den beeindruckenden Gewölben der Gotischen Halle aus dem Jahr 1492 wird sakrale Kunst des Mittelalters ausgestellt. Mehr als 600 Jahre alte Altäre finden sich in den historischen Mauern. Der Streifzug durch die Jahrhunderte führt über die Renaissance – unter anderem mit Gemälden von Lucas Cranach dem Älteren – über Barock, Rokoko und Jugendstil bis hin zur Kunst der Gegenwart. Neben dem eigentlichen Schloss gehören noch mehrere Nebengebäude zum Museum: Kreuz- und Reitstall sowie Remisen. Den Park um das Schloss schmücken Skulpturen, ein Gartenpfad kann begangen werden.

Sensationeller Fund: das Nydamboot

Sakrale Kunst in der Gotischen Halle

i Landesmuseen Schloss Gottorf, Schlossinsel 1, 24837 Schleswig, Tel. 04621-81 32 22, www.schloss-gottorf.de, Öffnungszeiten: April–Okt. Mo–Fr 10–17 Uhr, Sa, So 10–18 Uhr, Nov.–März Di–Fr 10–16 Uhr, Sa, So 10–17 Uhr

i Tourist-Information: Plessenstraße 7, 24837 Schleswig, Tel. 046 21-85 00 56, www.ostseefjordschlei.de

Top ➟ Wunderwerke - Barockgarten und begehbarer Globus

SCHLESWIG. Der begehbare Riesenglobus in Schloss Gottorf ist so einzigartig, dass ihm sogar ein eigenes Haus etwas abseits des Schlosses gebaut wurde. Man durchstreift eine alte Allee, erblickt den eine Keule schwingenden Herkules und steht vor einem der wenigen in die Neuzeit geretteten Barockgärten Europas. Die meisten ihrer Art gingen in Kriegen unter oder fielen zeitgeistigen Modernisierungen zum Opfer. Auch dem Gottorfer Barockgarten, dem sogenannten Neuwerk, blieb dies nicht erspart. Aber in den Jahren 2006 und 2007 konnte das Gartenkunstwerk wieder hergestellt werden, da viele der alten Skizzen und Zeichnungen erhalten geblieben waren. Bei der Rekonstruktion kam auch der im Schlamm versunkene, zertrümmerte Herkules ans Tageslicht. Heute wacht er als Replik über Schloss und Garten.

Erst seit einem Jahrzehnt kann der einzigartige Terrassengarten – zu seiner Entstehung im 17. Jahrhundert der erste nördlich der Alpen – wieder besucht und auch das barocke Welt- und Sternentheater im Globushaus besichtigt werden. Das wie eine riesige Vitrine gestaltete und ein viel beachtetes Werk moderner Architektur darstellende Haus beherbergt eine Rekonstruktion jenes historischen begehbaren Globusses, der zwischen 1650 und 1664 konstruiert und gebaut worden war. Nach einer Idee des damaligen Gottorfer Herzogs Friedrich III. entstanden, galt er als ein Wunderwerk der Technik – begeh- und drehbar zeigte er die Welt und das Universum. Das Meisterwerk erfreute die Gottorfer Herrscher aber nicht lange. Sie waren als Verlierer aus einem Krieg geschieden, und Zar Peter der Große erbat ihn sich als Geschenk. In St. Petersburg gibt es den Globus noch heute.

Und seit Mai 2005 einen »Neubau« in Gottorf. Die Kugel von gut drei Metern Durchmesser zeigt auf der Außenseite die Abbildung der Welt, wie man sie zu Zeiten Friedrich III. kannte. Klettert der Besucher durch eine Luke ins Innere, so empfängt ihn der Sternenhimmel. Ausgemalt mit Phantasiefiguren, die die

Der begehbare Globus

Der Barockgarten aus der Luft

Sternbilder darstellen, zeigen kleine Messingsterne in unterschiedlicher Größe – entsprechend der scheinbaren Helligkeit – den vollständigen Sternenhimmel, wie er sich über Schleswig darstellt. Eine ausgeklügelte Mechanik analog dem historischen Vorbild lässt die Sterne einmal in 24 Stunden um den Besucher rotieren. Dank Zeitraffer dreht sich das Firmament jedoch in nur acht Minuten.

i Globushaus und Barockgarten, Landesmuseen Schloss Gottorf, Schlossinsel 1, 24837 Schleswig, Tel. 04621-81 32 22, www.schloss-gottorf.de, Öffnungszeiten: April–Okt. Mo–Fr 10–17 Uhr, Sa–So 10–18 Uhr, Führungen nach Voranmeldung

Moorleichen – Faszinierende Funde aus der Eisenzeit

SCHLESWIG. Moorleichen, stumme Zeugen einer längst vergangenen Zeit, liegen im schummrigen Licht großer Glasvitrinen des Archäologischen Landesmuseums auf Schloss Gottorf in Schleswig. Nach vielen Jahrhunderten in ihrem nassen Grab wurden sie geborgen und regen die Phantasie der Menschen an: Wer waren sie und weshalb endete ihr Leben im Moor? Und warum stammen gerade so viele Moorleichen aus der Eisenzeit? Vor allem um das »Mädchen von Windeby« rankte sich so manche geheimnisvolle Geschichte. Es liegt in seiner großen Vitrine auf Schloss Gottorf etwas auf der Seite, der Körper ist halb zugedeckt mit Erde, eine Stoffbinde verdeckt seine Augen. So fand man die junge Frau vor mehr als 60 Jahren nahe dem Ort Windeby bei Eckernförde im Moor.

Das »Mädchen von Windeby«

Ein nachgebautes Megalithgrab

Fast 2000 Jahren hatte sie dort gelegen. War sie eine Ehebrecherin, die man zur Strafe ins Moor gejagt hatte? Oder ein Menschenopfer gar? Ein früher Kriminalfall soll es gewesen sein, so schien es lange, zumal nur wenige Meter entfernt ein Mann im Moor gefunden wurde. Die Deutung fand sogar Eingang in Schulbücher. Doch sie war falsch. Mann und Frau sind sich wohl im Moor zum ersten Mal nahe gekommen – da war er schon anderthalb Jahrhunderte tot. Und das »Mädchen von Windeby« ist, wie gerichtsmedizinische Untersuchungen ergaben, womöglich ein Junge, der an einer Kieferentzündung starb. Die Entzauberung tut der Faszination der Moorleichen im Gottorfer Schloss keinen Abbruch. Vier von ihnen können in der sehr sehenswerten Ausstellung »Leben in der Eisenzeit« betrachtet werden.

i Öffnungszeiten: siehe Landesmuseen Schloss Gottorf, Seite 145

Prominenz – TV-Landarzt und »Amanda« an der Schlei

KAPPELN. Als sich vor mehr als einem Vierteljahrhundert das ZDF entschloss, seine Serie »Der Landarzt« in Kappeln und der Landschaft Angeln anzusiedeln, war das ein Glücksgriff. Für den Fernsehsender – wegen der lange stabil hohen Quoten – wie auch für Kappeln, das damit Touristen anlocken konnte. Deekelsen nannte man den Ort der Landarzt-Geschichten. Deekelsen jedoch ist eigentlich Gut Lindauhof bei Lindau-

Restaurant Aurora, die Landarzt-Kneipe

Café Lindauhof in Lindaunis

nis, das Hotel-Café Krog in Ulsnis und natürlich Kappeln kurz vor der Mündung der Schlei. Sein historisches Zentrum und das maritime Flair der langen Ufermeile machen den Charme der knapp 9000 Einwohner zählenden Stadt aus. Sie lebt inzwischen weitgehend vom Tourismus, seitdem der arbeitsplatzträchtige Marinehafen Olpenitz vor einigen Jahren der Bundeswehrreform zum Opfer fiel. Sehenswert ist die alte Holländerwindmühle »Amanda«, ein technisches Denkmal, in der auch die Tourist-Information residiert. Zu den Attraktionen gehört der Museumshafen neben der 2002 gebauten wuchtigen Klappbrücke über die Schlei. Hier liegen mehr als ein Dutzend alte Schoner, Galeassen und Plattbodenschiffe wohlvertäut am Steg. Einige sind wirklich schon ein Jahrhundert alt, andere originalgetreue Nachbauten. Sie heißen »Adelante«, »Hermine«, »Suleyken« oder »Jonas von Friedrichstadt« und allen

Die Klappbrücke von Kappeln, am Horizont die Holländerwindmühle »Amanda«

Alte Segler im Museumshafen Kappeln

ist die Liebe ihrer Eigner zu alten Schiffsplanken eigen. Auf einigen von ihnen können abenteuerlustige Freunde der Schifffahrt bei Törns in die Welt der alten Lastensegler eintauchen.

i Tourist-Information: Schleswiger Straße 1, 24376 Kappeln, Tel. 04642-40 27, www.kappeln.de

i www.museumshafen-kappeln.de

Rundgang – Spazieren durch die kleinste deutsche Stadt

ARNIS. Eine Straße, nur 300 Einwohner – und doch ist Arnis eine richtige Stadt mit Stadtrecht und eigenem Rathaus. Die kleinste zwischen Flensburg und dem Allgäu. In weniger als einer halben Stunde kann man sie auf dem Fußweg am Ufer der Schlei einmal umrunden. Arnis hat nicht nur die wenigsten Einwohner, sondern auch die kleinste Fläche.

Uralte Grabmale vor der Schifferkirche

Votivschiffe schmücken den Innenraum.

Das älteste Haus von Arnis in der Langen Straße 13

Unter den 100 kleinsten Städten weist sie die höchste Bevölkerungsdichte auf. Schnurgerade zieht sich die zentrale Lange Straße durch den Ort. Einige der alten Häuser im Fachwerkstil sind noch erhalten. Rosenstöcken schmücken die Gebäude. Es ist angenehm still, Urlauber wandeln gelassen unter den alten Linden, die beiderseits die Straße säumen. Spuren der Besiedelung reichen bis ins vierte Jahrtausend vor Christus zurück. Damals schabte man noch mit dem Steinmesser am Hering. Strategische Bedeutung erwuchs der an einer Schlei-Enge gelegenen Halbinsel dann im 15. Jahrhundert, als eine Burg errichtet wurde, die der ausufernden Seeräuberei Einhalt gebieten sollte. Die Seeräuber starben aus, die Burg wurde nutzlos, so siedelten sich 1666 fünf Dutzend Familien aus Kappeln hier an, die der Leibeigenschaft in ihrer alten Heimat entkommen wollten. Sie bauten Häuser und dann auch einen Damm zum Festland, denn mit der Burg war die Halbinsel durch das Ausschachten eines Wassergrabens zur Insel geworden. Man fing Fische, fuhr zur See und baute später Boote und Schiffe.

Heute werden in Arnis klassische Yachten gefertigt und Küstenmotorschiffe von beachtlicher Größe repariert. Vier Werften gibt es bei lediglich 300 Einwohnern, das dürfte weltweit recht selten sein. Sehenswert ist im Ort, neben den hübschen Häusern, auch die Schifferkirche von 1673. Das alte Gestühl blieb erhalten, die Kanzel stammt sogar aus noch früheren Jahren. Angeblich fischten Arnisser Fischer sie nahe der Insel Strand, die 1634 in der Großen Manntränke unterging, aus der Nordsee.

i www.arnis.de

Wasserschloss Glücksburg

Rund um Flensburg

Dänemark ist hier ganz nah und eigentlich auch auf der deutschen Seite der Grenze allgegenwärtig: durch viele Besucher aus dem Norden und durch die dänische Minderheit. Die Region um Flensburg wird landschaftlich, wirtschaftlich und touristisch vor allem von der Förde geprägt – eine in der letzten Eiszeit entstandene Wasserrinne mit Steilküsten und mit Sandstränden an den Ufern. Neben der Stadt Flensburg selbst ist vor allem Schloss Glücksburg ein Anziehungspunkt, es zählt zu den schönsten Wasserschlössern Europas.

Fördestadt – Nicht nur Bier und Strafpunkte

FLENSBURG. Wer an Flensburg denkt, verbindet das häufig mit Bier. Einer skurrilen Fernsehwerbung geschuldet, die das nicht eben überschäumende norddeutsche Temperament auf freundliche Weise aufs Korn nahm. Und er denkt an eine Bundesbehörde mit für Kraftfahrer bedrohlichem Sammeleifer: das Kraftfahrtbundesamt. Doch das allein wird der Stadt nicht ganz gerecht. Flensburg besitzt eine sehenswerte Altstadt mit langer Fußgängerzone und von dort abzweigenden kleinen Gassen und Höfen, in denen sich Geschäfte, Kunsthandwerker-Läden und manch urige Kneipe angesiedelt haben. Im Einkaufstrubel besonders am Sonnabend sind viele dänische Laute von Besuchern aus dem

Blick über die Förde auf die Flensburger Altstadt

neuer Wohnort von Heidi und Eckhardt + Petra.

Die 400 Jahre alte Orgel von St. Nikolai

Wappen am Nordertor, links Christian IV. von Dänemark, rechts Flensburg

Nachbarland zu hören, das gleich hinter der Stadtgrenze beginnt. Auch die Promenaden am Hafen laden zum ausgiebigen Bummeln ein. Die 80 000-Einwohner-Stadt lebt an und von der Förde. Hier legen die Ausflugsschiffe ab zu Hafen- und Förde-Rundfahrten. Von der Ostseite des Wassers lässt sich ein reizvoller Panoramablick auf die Altstadt mit Museumsberg und historischem Hafen genießen. Hier liegt auch der Fischereihafen, wo es zu kaufen gibt, was den kleinen Fischerbooten ins Netz gegangen ist. Dazu zieht der Duft der Räucheröfen um die Nase. Zwei große Kirchen und eine kleine säumen den Holm und die Große Straße, die Fußgängerzone mit ihren zahlreichen Geschäften

Neues Leben in alten Kaufmannshöfen

und einigen neuzeitlichen Passagen. Sie zählen neben den zumeist schön restaurierten Kaufmannshöfen zum besonders Sehenswerten der Stadt. Einen spannenden Ausflug in eher unfriedliche Geschichte bietet der Alte Friedhof auf dem Museumsberg. Dort thront der Idstedter Löwe inmitten einer Grünfläche auf großem Sockel. Die Monumentalplastik des sitzenden (!) Tieres ist fast dreieinhalb Meter hoch. Ohne Sockel. Der Löwe wurde in Erinnerung an die Schlacht von Idstedt 1850 in Bronze gegossen. Nebenan erinnern zahlreiche Grabplatten auf einem baumbestandenen Hügel an hochrangige Opfer jener Schlacht.

i Tourist-Information: Rote Straße 15-17, 24937 Flensburg, Tel. 0461-9 09 09 20, www.flensburg-tourismus.de

i www.flensburg.de

Der Löwe von Idstedt

1850 siegten die Dänen in der Schlacht von Idstedt über die deutschen Schleswig-Holsteiner. Der dänische Bildhauer Hermann Wilhelm Bissen schuf danach die monumentale Bronzeplastik des Idstedter Löwen, die 1862 auf dem Alten Friedhof in Flensburg aufgestellt wurde. Des Sieges konnten sich die Dänen allerdings nicht lange erfreuen, 1864 endete der Deutsch-Dänische Krieg, auch Zweiter Schleswigscher Krieg genannt, mit dem Triumph preußisch-österreichischer Truppen. Das Herzogtum Schleswig samt Flensburg – zuvor in Personalunion mit dem dänischen König verbunden – wurde ein Teil Preußens. Die Niederlage bekam auch der bronzene Löwe zu spüren. Er geriet quasi in Kriegsgefangenschaft und wurde nach Berlin deportiert. Dort erlebte er die Wiederauferstehung ausgerechnet im Hof der Kadettenanstalt in Lichterfelde. 1945 gaben die Alliierten einem dänischen Wunsch statt, den Löwen wieder nach Dänemark zu holen. Man stellte ihn in Kopenhagen auf. Nach langen Debatten zog die Monumentalplastik 2011 ein letztes Mal um, nun wieder an ihren angestammten Platz auf dem Alten Friedhof von Flensburg. Der Löwe soll nun ein Symbol für Toleranz und freundschaftliches Zusammenleben von Dänen und Deutschen sein. Zugleich bleibt er aber auch Denkmal für die lange Zeit konfliktbeladener Geschichte beider Völker.

Rum-Tradition – Schnapsveredelung in 200 Fabriken

FLENSBURG. In der traditionsreichen Handelsstadt Flensburg wurde vieles umgeschlagen, was einst auf Seglern aus der Alten und der Neuen Welt angeschwommen kam. So gelangte Flensburg auch zu seinem langjährigen Ruf als »Rumstadt«. In deren besten Zeiten gab es hier 200 Rumfabriken, die Roh-Rum aus Westindien – die Inseln St. Thomas, St. John und St. Croix waren bis 1916 über 250 Jahre dänische Kolonie – an der Förde zu Trinkbarem veredelten. Davon sind nur zwei geblieben und von denen ist eine auch noch eine Neugründung von 1998 – das Wein- und Rumhaus Braasch in der Roten Straße. Aus der Blütezeit hat nur die Firma Johannsen überlebt, produziert und verkauft die edlen Wässerchen in der Marienburg.

Im Schifffahrtsmuseum am Hafen kann man die Kehrseite des einst florierenden Alkoholhandels sehen. Auf den Zuckerrohr-Plantagen in Westindien, wo der Rohstoff für den Rum gedieh, schufteten Tausende Sklaven, gehalten als Eigentum der Farmbesitzer. Gewissensbisse wegen des Rum-Genusses muss heute jedoch keiner mehr haben, die Sklaverei in Westindien wurde vor mehr als anderthalb Jahrhunderten abgeschafft. Spuren der Rum-Produktion sind in der Stadt überall zu finden. Auch wenn die Firmen nicht mehr existieren, so haben sich ihre prächtigen Häuser erhalten. Liebhaber des guten Tropfens führt eine Rum- und Zuckermeile zu all den Stätten, an denen einst veredelt, verschnitten und gesiedet wurde. Zu dieser gibt es einen sehr informativen Audio- und Videoführer, den man sich auf das Smartphone laden kann.

i Rum- und Zuckermeile unter www.flensburg.de

Die Firma Johannsen produziert noch in der Marienburg.

Der Westindienspeicher ist heute Wohn- und Geschäftshaus.

Rundgang – Auf Kapitäns Spuren

FLENSBURG. Große blaue Tafeln entlang der Förde markieren den sogenannten Kapitänsweg, der auf den Spuren eines historischen Schiffsführers Besucher durch die Stadt geleitet. Hat Flensburg doch eine lange Schifffahrts- und Schiffbaugeschichte, und in nur wenigen Städten ist sie so präsent wie hier. Die gesamte westliche Kaikante gehört zum historischen Hafen, wo eine imponierende Sammlung von Segel-, Motor- und Dampfschiffen liegt. So gibt es zahlreiche historische Yachten, die ältesten stammen noch aus jenen Zeiten, als hier der Kaiserliche Yachtclub residierte. Sie heißen »Korsar« und »Frida«, »Seebär« und »Britta« oder auch schlicht »Ar«. Der Verein Klassische Yachten organisiert jedes Jahr eine Regatta der schnittigen Oldies und erinnert damit an die erste Regatta von »Lustböten«, die 1855 in Flensburg stattfand. Damals waren Segler noch vor allem Arbeitsschiffe, die Lasten transportierten oder Fische einfingen. Heute sind es nahezu ausnahmslos »Lustböte«, die unter Segeln fahren.

Neben den Yachten liegen Dampfer und Motorschiffe, an ihrer Spitze »Alexandra«, gerühmt als der einzige noch erhaltene seegängige und mit Kohle gefeuerte Salondampfer Deutschlands. Im Sommer geht er regelmäßig auf Fahrt, betreut von einem Verein. Wer hier Kohle in den Kessel schippt, dem rinnt der Schweiß ehrenamtlich. Auch gibt es eine historische Sammlung kleiner Jollen sowie eine Museumswerft, in der alte Schiffe fachkundig repariert und aufgearbeitet werden.

Freunde alter Seefahrt werden gleich von mehreren regelmäßigen Veranstaltungen angelockt. Immer am Himmelfahrtswochenende findet die Rumregatta statt, eine Wettfahrt großer Gaffelsegler. In ungeraden Jahren trifft sich im Sommer an der Förde alles, was dampft und zischt: Dampfschiffe,

Salondampfer »Alexandra« – Heidi + Eckhardt Traurort war dabei

Klassische Jachten im Hafen

Lokomotiven, Landwirtschafts- und Straßenbaumaschinen sowie zahlreiche Modelle versammeln sich zum Flensburger Dampf-Rundum, Europas größtem Dampfmaschinenspektakel. Im Oktober gehen die alten Schiffe auf gemeinsame Apfelfahrt nach Glücksburg, wo Äpfel von regionalen Erzeugern übernommen und nach Flensburg transportiert werden – ganz wie in grauer Vorzeit.

- i www.historischer-hafen.de
- i www.flensburger-dampf-rundum.de
- i www.dampfer-alexandra.de

Museum – Schiffsmodelle aus mehreren Jahrhunderten

FLENSBURG. Gegenüber der Museumswerft liegt das Schifffahrtsmuseum. Ehemals Zollpackhaus, wird in dem Gebäude aus dem Jahre 1842 die maritime Geschichte von Flensburg lebendig: Zahlreiche Schiffsmodelle aus mehreren Jahrhunderten Schiffbau sind hier in Vitrinen zu sehen. Das größte Modell jedoch hätte in keine Vitrine gepasst, denn das Küstenmotorschiff »Hanna Suhr« ist mehrere Meter lang. Es gibt Originale zu bestaunen wie das in aufwändiger Handwerksarbeit gefertigte edle hölzerne Steuerhaus des einstigen Fördedampfers »Habicht«.

Das größte Exponat: Modell eines Binnenfrachtschiffs

noch ansehen

Steuerhaus des Fördedampfers »Habicht«

Kleine Schiffsdampfmaschine

Ein Ausstellungsteil zeigt den frühen industriellen Schiffbau, bei dem Werkzeug von imponierenden Ausmaßen in Einsatz war, gegen das heimische Hämmer und Schraubenschlüssel wie Spielzeug für Kleinkinder wirken. Kaum vorstellbar ist der enorme Lärm, den die pressluftbetriebenen Niethämmer machten, die im frühen 20. Jahrhundert Tausende Niete in die Schiffsrümpfe trieben.

Eine gläserne Ausstellungshalle zeigt die Antriebstechnik: Dampfkessel und -maschinen, daneben auch Steuerstände und Maschinentelegrafen sowie sogar einen Brückensimulator aus der Neuzeit, an dem Studenten das Navigieren moderner Schiffe üben konnten. Auch wird noch einmal an die schöne Zeit der Butterfahrten erinnert, als man noch für 'n Appel und 'n Ei mit dem Ausflugsdampfer auf die Ostsee fahren konnte, bevor die EU dem unfreundlich einen Riegel vorschob.

i Schifffahrtsmuseum, Schiffbrücke 39, 24939 Flensburg, Tel. 0461-85 29 70, www.schiffahrtsmuseum.flensburg.de, Öffnungszeiten: Di–So 10–17 Uhr

Schusterkate – Kleiner Grenzübergang im Krusau-Tal

HARRISLEE. Nur eine schmale Holzbrücke führt über das Flüsschen Krusau, dann ist man schon in Dänemark. Der Grenzübergang Schusterkate nördlich von Flensburg dürfte zu Deutschlands kleinsten gehören. Kaum ist zu erkennen, dass hier ein Land endet und das nächste beginnt. Außer einem kleinen Grenzstein mit der Jahreszahl 1920 und der Nummer 1. Hier steht der erste von 280 Grenzsteinen zu Dänemark.

1920 hatte sich eine Mehrheit der Bewohner Flensburgs und der südlicheren Teile des einstigen Herzogtums Schleswig für die Zugehörigkeit

Grenzübergang Schusterkate

zu Deutschland entschieden, die Bewohner nördlich für Dänemark. Und so zogen vor knapp 100 Jahren an der kleinen Holzbrücke die Grenzposten auf.

Seit 2001 und dem Schengen-Abkommen kontrolliert hier keiner mehr. Jetzt führt ein schöner Wanderweg hinüber, zum einen gen Norden durch das malerische Tal der Krusau, zum anderen weiter an der Flensburger Förde entlang Richtung Sonderborg. Den sogenannten Gendarmenweg, auf dem einst die Grenzer patrouillierten, säumt ein zum Teil urwaldähnlicher Laubwald. Der Wanderweg durch das eiszeitliche Tunneltal führt später wieder nach Deutschland zurück und in den kleinen Ort Kupfermühle bei Harrislee, wo immerhin 350 Jahre lang Kupfer und Messing produziert wurden. Erst in den 1960er Jahren stellte das Werk seinen Betrieb ein. Die meisten Häuser der Arbeitersiedlung, die eine der ältesten in Nordeuropa ist, sind in einem messingfarbenen Ton gestrichen. In eine Wand ist eine Büste des dänischen Königs Christian IV. eingelassen, der das Hammerwerk im Jahre 1612 gründen ließ. Im Industriemuseum Kupfermühle wird an die Zeit der Metallverarbeitung erinnert. Nach Flensburg zurück geht es von hier aus bequem wieder mit dem Stadtbus, der eine grenzüberschreitende Linie befährt.

i Grenzübergang Schusterkate, Linienbus 1 bis Wassersleben

i Industriemuseum Kupfermühle, Messinghof 3, 24955 Harrislee/OT Kupfermühle, Tel. 0461-4 07 71 25, www.industriemuseum-kupfermuehle.de, Öffnungszeiten: Mai–Okt. Mi–So 13–17 Uhr, Nov.–April jeden ersten Sonntag im Monat 13–17 Uhr

Die Krusau führt durch ein eiszeitliches Tunneltal.

Arbeitersiedlung und Museum Kupfermühle

Top ➟ Schloss – Wiege europäischer Königshäuser

GLÜCKSBURG. Ein Bediensteter in Livree öffnet die Eingangstür und heißt die Besucher willkommen. Schloss Glücksburg ist eben etwas Besonderes. Schneeweiß, von Wasser umspült, umgeben von einem gepflegten Park mit Rosarium und Orangerie. Hier residierte der dänische König, und das Haus Glücksburg ist mit allen europäischen Königshäusern verwandt. 1922 in eine Stiftung überführt, dient das Märchenschloss seitdem als Museum. Aber die Aura des einstigen höfischen Lebens aus der Zeit der Herzöge von Schleswig-Holstein-Sonderburg-Glücksburg durchweht bis heute das fast 500 Jahre alte Gebäude. Die Einrichtung der Räume, ein gedeckter Tisch für das nächste Festmahl – zu betrachten ist die Lebenswelt des alten Adels. Die Zeit blieb hier einfach stehen. Auch bei den zahlreichen alten Uhren ist der letzte Gong längst verhallt.
Im Dachgeschoss gibt es einen Einblick die Welt der Dienerschaft und ihrer Hierarchien. Samt Wärmestube. Dort oben sind auch zwei Kinderzimmer kleiner Prinzen und Prinzessinnen mit schönem historischen Spielzeug eingerichtet.
Wertvolle Ledertapeten und Tapisserien schmücken die Räume von Schloss Glücksburg. Zahlreiche Porträtgemälde der Schlossherren und ihrer Gemahlinnen ermöglichen einen Streifzug quer durch die europäischen Herrscherhäuser und die Geschichte des Kontinents. Christi-

Wasserschloss Glücksburg

In der Orangerie im Schlosspark finden Konzerte und Ausstellungen statt.

Das Torhaus, Eingang zum Schloss

an IX., dänischer König ab 1863, begründete den Ruf Glücksburgs als »Wiege der europäischen Königshäuser«. Ob Griechenland, England, Norwegen, Russland, Jugoslawien, Österreich, Spanien oder Dänemark – die Königshäuser sind alle verwandt mit dem Hause Glücksburg. Allerdings ist im Laufe der Jahre manchem das Amt des Staatsoberhauptes abhanden gekommen.

Zum Wertvollsten des Schlosses zählt die Kapelle mit Taufe und einem geschnitzten Altar aus dem frühen 17. Jahrhundert. Bis heute finden hier Gottesdienste und Trauungen statt. Letztere sind auch standesamtlich möglich in einem der Turmzimmer.

i Stiftung Schloss Glücksburg, 24960 Glücksburg, Tel. 04631-44 23 30, www.schloss-gluecksburg.de, Öffnungszeiten: Mai–Okt. täglich 10–18 Uhr, Nov.–April Sa–So 11–16 Uhr, in den Osterferien täglich 11–17 Uhr

Holnis – Deutschlands nördlichster Festlandpunkt

GLÜCKSBURG. Die sich in die Flensburger Förde hinein erstreckende und zum Stadtgebiet von Glücksburg gehörende Halbinsel Holnis ist ein beliebtes Ausflugsziel. Mit ihren vielen hier rastenden und brütenden See- und anderen Vögeln steht sie teilweise unter Naturschutz. So darf

Morgenwanderung an der Steilküste

der Höftsee, eine schon weitgehend verlandete einstige Meeresbucht, nicht betreten werden, damit die Tiere nicht gestört werden. Von Aussichtspunkten allerdings lassen sich Austernfischer, Rotschenkel oder Mittelsäger mit dem Fernglas beobachten. Von Strandwanderern wird die ebenfalls geschützte, eindrucksvolle Steilküste der Insel geschätzt. Bis in die Gegenwart ist sie ständiger Veränderung unterworfen. Niederschläge, Sturm und Wellen lassen immer wieder große Stücke des Kliffs abbrechen, mächtige Bäume werden mit in die Tiefe gerissen. Der Sand taucht dann in Form von Nehrungshaken wieder an der Nordküste auf. Dort ist auch Deutschland nördlichster Festlandpunkt – er verschiebt sich mit dieser Art der »Landgewinnung« weiter gen Norden in die Förde hinein.

Ganz im Norden der Halbinsel stößt der Wanderer auf ein schon über 150 Jahre altes Seemannsgrab. Eine kleine Tafel erzählt vom Schicksal des Steuermannes Peter Thomsen, der 1850 – von Westindien kommend und schwer an Cholera erkrankt – schon fast den Zielhafen Flensburg erreicht hatte. Der Segler durfte wegen des Kranken nicht einlaufen. Der Seemann

Segeln vor Holnis – das gegenüberliegende Ufer gehört schon zu Dänemark.

starb an Bord und wurde von seinen Kameraden an der Nordspitze von Holnis begraben. Das Grab mit Gedenkstein, Buchsbaum und Wachslicht hat die Zeiten überdauert.

Die Ostküste der Halbinsel ist in der Saison ein besonders bei Familien mit kleinen Kindern beliebter Badestrand. Hier an der Außenförde ist das Wasser sehr klar und nicht tief.

i Tourist-Information: Schloss, 24960 Glücksburg, Tel. 0800-2 02 00 40, www.gluecksburg.de

i www.schleswig-holstein.nabu.de

Scheersberg – Weitblick über das Angelner Land

QUERN. Knapp 100 Stufen sind zu bewältigen, dann eröffnet sich vom neogotischen Bismarckturm bei Quern eine spektakuläre Aussicht über das Angelner Land und die Ostsee. Hügel, Felder, Wäldchen und dazwischen kleine Dörfer. Durch die Bilderbuchlandschaft ziehen sich immer wieder die Knicks, Strauchreihen, die die Felder voneinander abgrenzen. Über die Förde kann man bis nach Dänemark schauen und bei klarem Wetter sogar den Dom von Schleswig erkennen. Weiter reicht der Blick von nirgendwo hier im deutschen Norden als von diesem 32 Meter hohen Turm auf dem Scheersberg, der noch einmal knapp 70 Meter über Meeresspiegelhöhe zuliefert. Macht insgesamt mehr als 100 Meter über der Ostsee. Allerdings nur von der Fahnenmast-Spitze aus gerechnet, die Aussichtsplattform liegt ein paar Meter tiefer. Über 100 Jahre ist der Turm alt und nach mehreren Restaurierungen auch gut erhalten. 373 Namenssteine für edle Spender, die den Bau einst mitfinanzierten, sind

Der Bismarckturm Quern

Blick von oben mit Spendersteinen in der Brüstung

im Turm eingebaut. Nicht mehr auffindbar auf diesem Berg ist ein einst hier gelegenes Großsteingrab aus der Jungsteinzeit. Dessen Granitblöcke verschwanden im Turmfundament.

i Bismarckturm, Scheersberg, 24972 Quern, Tel. 04632-84800
Öffnungszeiten: Mo–Fr 8–22 Uhr, Sa 9–17 Uhr, So 10–18 Uhr
Schlüssel in Fitness-Center gegenüber

Bismarcktürme

Heute ist die Begeisterung schwer vorstellbar, mit der vor einem guten Jahrhundert Menschen Geld sammelten, um einem gerade verstorbenen Kanzler zu huldigen. 240 Bismarcktürme wurden – meist zwischen 1900 und 1910 – errichtet, sogar in Chile und Kamerun. Der Personenkult, schon zu Lebzeiten Otto von Bismarcks erheblich, nahm nach seinem Tode 1898 noch einmal zu. Drei Viertel der Türme stehen noch, sieben davon in Schleswig-Holstein.
47 Türme entstanden als früher »Typenbau« nach einem Entwurf des Architekten Wilhelm Kreis. »Götterdämmerung« hieß dieser Bautyp, den man im Norden noch in Itzehoe besichtigen kann. Viele, wenn auch nicht alle, sind Aussichtstürme. In Aumühle (Kreis Herzogtum Lauenburg) diente der Bismarckturm auch als Wasserturm und beherbergt heute die Gemeindebibliothek. Früher besaßen die meisten Feuerschalen, in denen zu Bismarck-Gedenktagen die Flammen lodern sollten. Das ist lange vorbei, da die Begeisterung für den Eisernen Kanzler mit den Jahren abflaute.

i www.bismarcktuerme.de

Museumsinseln - Ein Dorf zeigt bäuerliches Leben

UNEWATT. Es ist ein kleines Dorf abseits des großen Getriebes. Davon gibt es noch mehr in der Landschaft Angeln. Aber Unewatt ist anders: Es ist ein bisschen Museum und ein bisschen Dorf. Kein Museumsdorf, in dem ländliches Leben nur »gespielt« wird. Hier wird gesät und geerntet, verarbeitet und veredelt wie in anderen Dörfern auch. Aber in mehreren der Gebäude des Ortes kann der Besucher dörfliches Leben und Arbeiten kennenlernen. Ein Rundweg führt an fünf Museumsinseln vorbei: an einem ehemaligen kompletten Bauernhof, an Räucherei und Trafohaus, an Windmühle, Buttermühle sowie Scheune mit einer Ausstellung landwirtschaftlichen Geräts. Sie bilden zusammen das Landschaftsmuseum Angeln und liegen zwischen ganz normalen Bauernhöfen. Spannend vor allem, weil wirklich selten erhalten, ist die Buttermühle: Ein oberschlächtiges Wasserrad treibt hier über lange Stangen und Zahnräder das Butterfass im Inneren des Gebäudes an.

Schlafstätte aus alten Zeiten

An der Buttermühle

Unewatter Traktoren-Parade auf dem Spielplatz

Galerieholländer »Fortuna« von 1878

Das Wasser kommt von der Langballigau, einem Flüsschen, das sich über Kaskaden den Hang hinunter ergießt. In vielen Windungen zieht sich der Bach dann bis zur Ostsee. Mehrere Wanderwege führen durch das unter Naturschutz stehende Tal der Langballigau. Hier haben in den Sumpfwiesen am Flussrand seltene Pflanzen ein Zuhause, und wer Glück hat, kann sogar einen Eisvogel entdecken. An der Küste angekommen, taucht man wieder voll ins urbane Leben: Der Strand ist beliebtes Ausflugsziel mit mehreren Gasthäusern und kleinem Fischerhafen, wo der frisch gefangene Butt gleich vom Kutter verkauft wird. Ein Weg parallel zum Strand wird gern als Wanderweg genutzt, und der Ostseeküsten-Radweg führt auch vorbei. Hier bietet sich ein weiter Blick über die dänische Seite der Förde.

i Landschaftsmuseum Unewatt, Unewatter Straße 1a, 24977 Langballig, Tel. 04636-10 21, www.museum-unewatt.de, Öffnungszeiten: Mai–Sept. Di–So 10–17 Uhr, April und Okt. Fr–So 10–17 Uhr, Nov.–März geschlossen

Fischkutter an der Mündung der Langballigau

Der Elbdeich - beliebt bei Spaziergängern und Schafen.

Die Marschlande entlang der Elbe

Heute sind sie vor allem von Hamburgern geschätzt als Naherholungsgebiet. Und von Radfahrern, weil es hier so schön flach ist. Kein Wunder: Die Elbmarschen liegen auf Höhe des Meeresspiegels oder sogar noch einige Meter darunter. Über Jahrhunderte ist hier entlang des Stromes eine einzigartige Natur- und Kulturlandschaft entstanden – auch wenn sich deren Schönheit manchmal erst auf den zweiten Blick erschließt.

Elbmarschen – Fruchtbares Land, furchtbares Wasser

BROKDORF/HASELDORF. Auf hohem Deich führt der Elberadweg entlang des Stromes, der stellenweise drei Kilometer breit ist. Er trennt das Wasser auf der einen vom fruchtbaren Land auf der anderen Seite. Schafe grasen, weiter landeinwärts rotbunte Rinder. Über allem drehen sich die Flügel der Windmühlen der Neuzeit. Auf der anderen Seite sind Containerschiffe auf ihrem Weg zum Hamburger Hafen. Vier Elbmarschen reihen sich von Hamburg bis zur Nordsee auf schleswig-holsteinischer Seite am Fluss: die Haseldorfer, die Seestermüher, die Kremper- und die Wilstermarsch. Einst war hier eine Wattlandschaft entlang des Tidestromes: Bei Flut wurde das Land überschwemmt, bei Ebbe fiel es trocken. Dabei brachte der Strom viel an Sediment mit, Teile verlandeten. Der Mensch machte sich das im Mittelalter zunutze. Das fruchtbare Schwemmland zog Siedler an, die hier Ackerbau, vor allem aber Viehzucht betrieben. Sie bauten Deiche, die das Tidehochwasser draußen hielten.

Die neuen Windmühlen in der Wilstermarsch

Schafe sind ständige Begleiter auf dem Elberadweg.

Alle Elbmarschen wurden regelmäßig von verheerenden Sturmfluten heimgesucht, wenn ein Weststurm zugleich mit dem Tidehochwasser weitere Wassermassen der Nordsee in die Elbe drückte. Dann brachen Deiche oder wurden überflutet, Wohnhäuser und Ställe wurden Opfer der Fluten, Nutztiere ertranken und oft auch die hier siedelnden Menschen. Befindet sich doch das Land auf Höhe des Meeresspiegels und teilweise sogar ein ganzes Stück darunter.
Am tiefsten liegt die Wilstermarsch zwischen Stör und Nord-Ostseekanal – bis zu dreieinhalb Meter unter dem Meeresspiegel. Die von Fahrradtouristen gern genutzte Fahrradstrecke heißt deshalb auch »Land-unter-Tour«. Es geht dort nur über plattes Land, vorbei an Flüsschen wie Wilsterau oder Bekau und an vielen Entwässerungsgräben, die hier Wettern heißen. Eine besondere Bushaltestelle lädt zur Rast. Sie bietet Sessel, Gardinen und einen plattdeutschen Spruch an der Wand: »Lot di Tiet, set di doo! Und verpuss di mool!«

Bushaltestelle in der Wilstermarsch

Im Gebiet der kleinsten der Marschen, der Haseldorfer Marsch, ist das Naturschutzgebiet Haseldorfer Binnenelbe ausgewiesen, in dem durch aufgestautes Wasser wieder Feuchtgebiete entstehen, die selten gewordenen Vogelarten Brutplatz und Nahrung bieten und besondere Pflanzen wie die Schachblume wachsen lassen. In Park und Garten des Gutes Haseldorf stehen exotische Bäume aus aller Welt, eine Allee von Kopfweiden führt zum privaten Gut. Sie erinnern an jene Zeit, als diese Bäume hier Grundlage für ein altes Handwerk waren: das Bandreißen. Eine alte Bandreißerkate im Ort zeigt diese inzwischen ausgestorbene Handwerkskunst.

i Informationszentrum Elbmarschenhaus, Hauptstraße 26, 25489 Haseldorf, Tel. 04129-95 54 90, www.elbmarschenhaus.de
Öffnungszeiten Mi–So 10–18 Uhr

i Bandreißerkate, Achtern Dörp 3, 25489 Haseldorf, Tel. 04129-512 (Kulturverein Haseldorfer Marsch), Öffnungszeiten: jeden 1. Sonntag im Monat nachmittags, im Mai und Juni jeden Sonntag

i Tourist-Information: Große Nübelstraße 31, 25348 Glückstadt, Tel. 04124-6 04 95 92, www.holstein-tourismus.de

Die Elbe

Mehr als 1000 Kilometer hat die Elbe von ihrer Quelle in Tschechien zurückgelegt, bevor sie bei Cuxhaven in die Nordsee mündet. Der schleswig-holsteinische Abschnitt ist zum größten Teil tideabhängig, das heißt, der Wasserstand schwankt mit Ebbe und Flut. Weil die Elbe einen breiten Mündungstrichter hat, ist der Unterschied zwischen Hoch- und Niedrigwasser mit mehr als drei Metern in Hamburg deutlich höher als an der Nordseeküste. Sie bildet die Grenze zwischen Schleswig-Holstein und Niedersachsen. Der Fluss ist nicht nur die Verbindung vom Hamburger Hafen zur offenen See, sondern es gibt hier auch beliebte Badestrände, so am Westrand von Hamburg und bei Brokdorf. Da ist die Elbe aber schon breiter als so mancher Binnensee. In Hamburg-Blankenese misst sie bereits einen Kilometer, bei Brokdorf sind es drei und an der offiziellen Mündung – einer gedachten Linie zwischen Cuxhaven und Friedrichskoog – sogar 15 Kilometer Breite.

Mühle Honigfleth – Entwässern mit Windkraft

WILSTER. Noch vor 100 Jahren prägten ganze Galerien von Windmühlen das Bild der Wilstermarsch. Wie an einer Perlenschnur aufgereiht, pumpten sie das Wasser aus Gräben in die höher gelegenen Wettern. Im 18. Jahrhundert gab es in dieser Region 350 Schöpfwindmühlen. Schöpfwerke sind bis heute überall in den Marschlanden in Betrieb, allerdings werden sie nun elektrisch betrieben. Nur eine der historischen Mühlen hat überlebt: die Bockmühle in Honigfleth bei Wilster. Mehr als 150 Jahre ist das technische Denkmal alt und das Wahrzeichen der Wilstermarsch.

Die Schöpfmühle Honigfleth

Ein Blick ins Innere: alles Holz

Wurde zunächst über ein Schöpfrad das Wasser in die Wettern geschaufelt, kamen ab dem 19. Jahrhundert die viel effektiveren sogenannten Archimedischen Schnecken zum Einsatz – wie auch heute bei der Mühle in Honigfleth. Die eiserne Schnecke kann bei optimalem Wind 35 Liter Wasser in der Sekunde fördern. Die Mühle wäre in der Lage, bis zu 40 Hektar Land zu entwässern. Sie ist eine sogenannte Kokermühle. Bei diesem in den Niederlanden entwickelten Mühlentyp muss nicht mehr die ganze Mühle, sondern nur der Mühlenkopf mit den Flügeln in den Wind gedreht werden. Die Königwelle dreht sich in einem hohlen Balken, dem »Koker«.
Die Schöpfmühle ist nicht mehr im täglichen Betrieb, aber voll funktionstüchtig. Deshalb werden zu besonderen Ereignissen wie dem alljährlichen Deutschen Mühlentag die Segel auf die Flügel gespannt und die Mühle schöpft Wasser wie in alter Zeit. Das setzt natürlich Wind voraus – sonst bleibt die Förderschnecke trocken. 2010 hat ein Zimmermann aus dem nahen Dorf Krummendiek eine hölzerne Förderschnecke nach altem Vorbild nachgebaut. Mit Strom angetrieben, fördert dieses sechseinhalb Meter lange Schöpfwerk Wasser nach oben und zeigt das Funktionsprinzip auch bei Windstille. Die von einem Förderverein erhaltene Mühle steht abseits der Straße, ihr Standort aber ist öffentlich zugänglich.

i Schöpfmühle Honigfleth, an der Straße von Wilster nach Heiligenstedten
Besichtigungen: Mühlenwart Wolfgang Möller, Kathen 4, 25554 Stördorf, Tel. 0162-1 71 50 53, www.foerderverein-bockmuehle.de

Rekord – Tiefste Landstelle Deutschlands

NEUENDORF-SACHSENBANDE. Die Zugspitze kennt jeder. Das ist der höchste Punkt in Deutschland. Die tiefste Landstelle kennt kaum einer. Sie liegt nahe der Ortschaft Neuendorf-Sachsenbande in der Wilstermarsch, an der Straße von Neuendorf-Sachsenbande nach Äbtissinwisch. Der Ausblick auf die umliegenden Felder und Weiden ist zwar nicht ganz so atemberaubend wie vom Alpengipfel, aber es beeindruckt schon, vor dem Pfahl zu stehen, der weit oben die Markierung trägt, wo sich normalerweise die Wasseroberfläche befinden würde, gäbe es die Deiche nicht. Es sind genau 3,54 Meter über dem Boden. Ein zweiter, acht Meter hoher Pfahl zeigt die Sturmfluthöhen der vergangenen 200 Jahre. Aber bisher ist das Wasser hierher noch nicht vorgedrungen, die Deiche haben gehalten, auch 1962, als bei der Sturmflut in Hamburg Stadtteile überflutet wurden und viele Menschen starben. Schautafeln erklären die Eindeichung der Region in den vergangenen Jahrhunderten. Allerdings macht die Gemeinde Freepsum in Ostfriesland den Schleswig-Holsteinern den Titel »tiefste Landstelle« streitig. Dort liegt ein Punkt 2,5 Meter unter dem Meeresspiegel und damit einen Meter höher, weshalb im Norden die niedersächsischen Ansprüche als »ostfriesische Mathematik« geschmäht werden.

Spruch am Schöpfwerk Neuenbrook

Marschzentrum – Zwei Rathäuser und eine Kirche

Altes Renaissance-Rathaus von 1585

Über 200 Jahre altes Neues Rathaus

Die Kirche von Wilster

WILSTER. Jeder, der einen Führerschein erwarb, hat Wilster schon einmal gesehen. Denn die kleine Stadt im Kreis Steinburg ziert das Muster für ein Ortsschild in der Straßenverkehrsordnung. Die meisten werden es wieder vergessen haben. Zu Unrecht, denn das 1600-Einwohner-Städtchen ist durchaus sehenswert. Im 16. Jahrhundert galt es als wichtiger Umschlagplatz, damals waren die Schiffe eher klein und die Wasser der Wilsterau als Startpunkt ausreichend für den Handel via Stör und Elbe in die große weite Welt. Mindestens aber bis Hamburg. Damals schon hatte Wilster ebenso viele Einwohner wie heute und die viertgrößte Flotte in Schleswig-Holstein. Von der aufblühenden Stadt im späten Mittelalter zeugt bis heute das Alte Rathaus, ein prachtvoller Renaissance-Bau von 1585. Zu den schönsten Räumen im Haus gehören der Festsaal und die alte Gerichtsstube. Über die Geschicke der Stadt wird inzwischen im Neuen Rathaus entschieden, das auch schon über 200 Jahre alt ist. Dieses große Palais erhielt Wilster geschenkt von einer frühen Wohltäterin, der Etatsrätin Doos, samt einer wertvollen, Tausende Bände umfassenden Bibliothek, die im Alten Rathaus untergebracht ist. Sehenswert und etwas groß geraten für die kleine Stadt ist auch die

Kirche mitten auf dem Marktplatz. Ende des 18. Jahrhunderts gebaut, bot sie Platz für 2000 Menschen. Umgebaut nach Bombenschäden aus dem Zweiten Weltkrieg kommen nun immerhin noch 1200 Besucher unter. Heute ist Wilster eher keine Wirtschaftsmetropole mehr, sondern das kulturelle Zentrum der Wilstermarsch. Frachtschiffe sucht man auf der Wilsterau vergebens, aber es ist eine wunderschöne Strecke für eine Paddeltour vom Nord-Ostsee-Kanal im Westen über Wilster bis nach Kasenort, wo sie in die Stör mündet.

i Tourist-Information: Kohlmarkt 49, 25554 Wilster, Tel. 04823-9 21 59 50, www.wilstermarsch-service.de

i www.wilster.de

Top ➠ Kronsnest – Kleinste Fähre Deutschlands

SEESTER. Sie verbraucht keinen Treibstoff und keinen Strom. Höchstens Kalorien durch den Fährmann, respektive die Fährfrau, die die kleine Fähre Kronsnest zwischen Seester und Neuendorf im Landkreis Pinneberg über die Krückau, einen tideabhängigen Nebenfluss der Elbe, befördern. Mit ihren sieben Plätzen gilt sie als die kleinste Binnenfähre Deutschlands und ist die einzige in Schleswig-Holstein, die nur mit Muskelkraft bewegt wird. Sie wird nicht gestakt und nicht gerudert, sondern »gewriggt«. Dafür steht der Fährmann am Heck und setzt den Kahn mit einem Riemen – ähnlich dem von Ruderbooten, nur länger – in Bewegung. Durch geschickte Ausnutzung der Strömung gelangt das Gefährt dann zum anderen Ufer. Weil Ebbe und Flut hier ihre Spuren hinterlassen, schwankt der Weg erheblich, den die Fähre zurücklegen muss: von 16 Metern bei Niedrigwasser bis über 40 Meter. Dann ist die Krückau hier knapp fünf Meter tief. Rund 400 Jahre brachte die Fähre Mensch, Tier und Wagen von einem Ufer der Krückau zum anderen. Die älteste Urkunde stammt von 1576. Alte Bilder zeigen, wie Kühe, Scha-

»Hol Över« (Hol Über) heißt die Fähre.

fe und auch Hühner über den Fluss gesetzt wurden. 1967 war Schluss damit, denn die nächste Brücke war nicht weit und das eigene Auto nah. Aber 1993 ließ ein rühriger Verein die alte Tradition wieder aufleben. Ein eichener Kahn – fast 700 Kilogramm schwer! – wurde gebaut, die Anleger bekamen ein neues Pflaster. Fährleute mussten ausgebildet werden, dafür gab es den »Fährführerschein« vom Wasser- und Schifffahrtsamt. Heute nutzen viele Radfahrer den Übergang, hier führt der Elberadweg vorbei. Die Fähre verkehrt nur am Wochenende. Seit 1993 hat sie dennoch schon mehr als 200 000 Passagiere befördert.

i Betriebszeiten der Fähre: 1. Mai–3. Okt., Sa, So, Feiertage 9–13 und 14–18 Uhr

i Öffnungszeiten des kleinen Museums »Stöpenkieker«: So 14–18 Uhr

Mit der Elbfähre ins Nachbarland

Nicht weit entfernt von der kleinsten Binnenfähre Deutschlands bei Seester fährt Deutschlands größte Flussfähre ab: Es geht von Glückstadt über die Elbe nach Wischhafen in Niedersachsen. Von hier sind es noch rund 50 Kilometer bis zur Mündung des Flusses in die Nordsee. Es ist die letzte Möglichkeit, ihn zu überqueren. Entsprechend groß ist – vor allem in der Sommer-Ferienzeit – der Andrang. Dann begibt sich alle 20 Minuten ein Fährschiff auf die Reise. Immerhin ist die Elbe hier 3,5 Kilometer breit, die Tour dauert eine knappe halbe Stunde. Diese Fährverbindung gibt es seit 1919, heute übernehmen vier Schiffe den Auto- und Personentransport. Jedes fasst 60 Pkw. Sie sind bis zu 60 Meter lang und 14 Meter breit. Für die ferne Zukunft ist ein für Radfahrer allerdings nicht nutzbarer Straßentunnel unter der Elbe im Zuge der A 20 geplant.

Kreidegrube – Meer voller versteinerter Lebewesen

LÄGERDORF. Über viele Jahre wurde im Tagebau Saturn am Rande der Gemeinde Lägerdorf bei Itzehoe Kreide abgebaut. Diese Grube ist heute – wie die benachbarte Grube Heidestraße auch – ein Dorado für Fossiliensammler. Hier finden sie versteinerte Seeigel und prähistorische Brachiopoden. Wer Glück hat, dem gerät auch ein Nautilus unter den Meißel, jener legendäre Kopffüßler, nach dem Jules Verne sein U-Boot benannt hat. Die einen Kilometer lange und 700 Meter breite Grube ist seit 2002 stillgelegt, aber zu regelmäßigen Terminen finden – zum Teil in Zusammenarbeit mit der Volkshochschule – Führungen statt. Hobby-Paläontologen können selbst mit Hammer und Meißel in den zum Teil recht steilen Wänden nach Ammoniten und anderem versteinerten Getier aus der Kreidezeit pickern. Natürlich darf man die Grube nur

Mit Hammer und Meißel in der Steilwand

unter Aufsicht betreten und nur an bestimmten Stellen meißeln. Helm ist Pflicht. Ebenso die vorherige Anmeldung. Die Termine stehen lange im Voraus auf der Internetseite des Zementherstellers Holcim, dem die Gruben gehören.

i www.holcim.de

i Volkshochschule Itzehoe, Georg-Löck-Straße 1, 25524 Itzehoe, Tel. 04821-8 04 08 30, www.vhs-itzehoe.de

i Volkshochschule Kellinghusen, Danziger Straße 40, 25548 Kellinghusen, Tel. 04822-37 67 30, www.vhs-kellinghusen.de

Königs Wunsch – Eine Stadt vom Reißbrett

GLÜCKSTADT. Der bronzene Zottelkopf gleich neben der Kirche von Glückstadt ist Christian IV., in Personalunion König von Dänemark und Herzog von Schleswig und Holstein. Er legte 1617 den Grundstein zu einer aufstrebenden Stadt an der Elbe. Der Dreißigjährige Krieg stand vor der Tür, und er wollte seine Südflanke ausbauen. Ein starkes Pendant zu Hamburg sollte elbabwärts entstehen, gut gesichert mit einer Festung. »Dat schall glücken und dat mutt glücken, un dann schall se ok Glückstadt heten«, soll das gekrönte Haupt damals gerufen haben, und das ist ja auch so eingetreten. In ihrer Anlage ist Glückstadt sogar einmalig im deutschsprachigen Raum: Hier entstand vor rund vier Jahrhunderten eine Stadt am Reißbrett, eine sogenannte polygonale Radialstadt. Der Grundriss zeigt in etwa ein Sechseck und ist noch erkennbar, wenn auch durch weitere Besiedelung etwas ausgefranst. In der Mitte befindet sich der Marktplatz und in dessen Zentrum wiederum steht ein fünfflammiger gusseiserner Kandelaber, zu dessen Füßen man in die einzelnen Radialstraßen schauen kann.

Der hübsche Markt von Glückstadt mit gusseisernem Kandelaber

Glückstadt wurde Hafenstadt und Festung, die Konkurrenz zu Hamburg war zunächst von Erfolg gekrönt. Als Zeichen jener glorreichen Jahre ziert noch ein großer Anker die Wand der Kirche. Jener hing zuvor am Bug des Hamburger Admiralitätsschiffes und wurde 1630 von den Dänen erbeutet. Auf lange Sicht jedoch blieb von des Dänenkönigs Gründung nur eine beschauliche Kleinstadt, aber die zählt zu den schönsten in Norddeutschland. Um den Markt gruppieren sich historische Häuser, eine ganze Zeile erhaltener Gebäude säumt den Binnenhafen. An der Kaimauer haben ein alter mehrstöckiger Salzspeicher und das königliche Brückenhaus überlebt. Königliche Spuren ziehen sich reichlich durch die Stadt – Königstraße, Königliche Apotheke, Königliche Buchdruckerei ... Und der Wiebke-Kruse-Turm. Die Holsteinerin Wiebke Kruse war eine Geliebte von Christian IV., die ihm zwei Kinder gebar. Gut anderthalb Dutzend weitere Nachkommen gehen auf andere Begleiterinnen zurück. Wiebke Kruse schätzte der König so sehr, dass er ihr ein veritables Anwesen in Glückstadt schenkte. Das allerdings brannte später ab, nur der Turm blieb erhalten.

i Tourist-Information: Große Nübelstraße 31, 25348 Glückstadt, Tel. 04124-93 75 85, www.glueckstadt-tourismus.de

Traditionen – »Rigmor von Glückstadt« und Matjes

Die »Rigmor« in voller Fahrt

GLÜCKSTADT. Auch wenn Glückstadt nicht an der See, sondern nur an der allerdings schon drei Kilometer breiten Elbe liegt, waren hier seit seiner Gründung Seefahrt und Fischfang zu Hause. So machten anfangs vor allem königliche Kriegsschiffe fest. Deutschlands

ältestes fahrtüchtiges Segelschiff, die »Rigmor«, lief in Glückstadt 1853 als dänischer Zollkreuzer vom Stapel. Einige Jahre tat sie Dienst im Wattenmeer vor Amrum. Dann aber kamen die Preußen und vorbei war es mit der königlich-dänischen Zollherrlichkeit an der schleswigschen Nordseeküste. Für die »Rigmor« folgten viele Jahre im Frachtdienst zwischen den nordfriesischen Inseln, später als Steinfischer in dänischen Häfen. 1992 übernahm ein Förderverein den historischen Segler, und nach langen Jahren der Restaurierung begann 2002 das zweite Leben der »Rigmor von Glückstadt«: als schmucker Traditionssegler, auf dem Liebhaber alter Schiffe auf Elbetörn gehen können.
Von Glückstadt aus wurden früher auch Wale gejagt. Bis Grönland fuhren die Jäger in ihren heute eher wacklig erscheinenden Seefahrzeugen, um die riesigen Tiere zu erlegen. Auch Robben gehörten im 18. und 19. Jahrhundert zur bevorzugten Beute der Glückstädter Walfänger. Später konnten nur noch kleine Fische gefangen werden, Heringe zum Beispiel, die die lange Glückstädter Matjestradition begründeten. Die währt bis heute. Jedes Jahr im Juni werden Matjestage gefeiert und für den Konsum der Köstlichkeit strömen dann Tausende Besucher herbei. Die Glückstädter Heringsflotille allerdings gibt es schon lange nicht mehr, die Fische kommen jetzt aus Dänemark und den Niederlanden.

i www.rigmor.de

W:O:A – Größtes Heavy Metal Festival der Welt

WACKEN. Knapp 2000 Einwohner hat Wacken. Die Häuser sind mehrheitlich nett herausgeputzt, die Vorgärten gepflegt, es gibt Schwimmbad und Tennisplatz, Landgasthof und Supermarkt. Auf den Weiden ringsum grasen friedlich rotbunte Rinder. 360 Tage im Jahr ist der Ort im Kreis Steinburg ein Dorf wie viele andere in Schleswig-Holstein. An den anderen fünf herrscht der Ausnahmezustand. Dann fallen um die 70 000 Metal-Fans aus aller Welt im kleinen Ort ein. W:O:A heißen die magischen drei Buchstaben: Wacken Open Air, das größte Heavy Metal

Der Stierkopf ist das Symbol des Festivals.

Festival der Welt. Die Weiden ringsum werden vorübergehend zu riesigen Campingplätzen.

Der schwarz bemalte große Siloturm der örtlichen Raiffeisengenossenschaft mit dem gehörnten Stierkopf, dem Symbol des Festivals, kündet weithin vom Großereignis. Die engen Straßen sind erobert von vornehmlich schwarz gekleideten Metal-Fans, der lauschige Gasthof erweitert sich um einen Biergarten mit mehreren tausend Plätzen. Vor Verkaufsständen und an den Parkplätzen bilden sich lange Schlangen von Bollerwagen und Tretautos mit Hänger. Die Kinder von Wacken verdienen sich reichlich Taschengeld mit dem Transport von Campingausrüstung und vor allem Bier im Großgebinde. Manche der älteren Bewohner haben Stühle in die Vorgärten gestellt und betrachten immer aufs Neue staunend das muntere Treiben auf ihrer kleinen Dorfstraße.

i Wacken Open Air: immer am ersten Augustwochenende,
Karten nur im Vorverkauf, www.wacken.com

Willkomm Höft – Schiffe-Begrüßen mit Hymne

WEDEL. »Welcome to Hamburg«. Die Schiffe, die den Hamburger Hafen anlaufen, werden im Wedeler Ortsteil Schulau freundlich mit ihren Landes-Hymnen begrüßt. Seit 1952 gibt es hier die Schiffsbegrüßungsanlage Willkomm Höft, sie ist eine Institution und Anziehungspunkt für viele Besucher. Besonders an schönen Sommerwochenenden ist es gut gefüllt im zugehörigen Restaurant und den Kiosken an der Promenade. Beim Schiffe-Gucken reicht der Blick weit über die Elbe, fast bis zum Hamburger Hafen im Osten und auf das Alte Land am gegenüberliegenden Ufer, das schon zu Niedersachsen gehört.

Über 150 Nationalhymnen haben die »Begrüßungskapitäne« auf Lager, das sind mehr, als es Länder mit Meereszugang gibt. Aber auch manch Binnenland hat einen Frachter unter eigener Flagge auf den Ozeanen im Einsatz. Allerdings sind einige der Hymnen recht häufig zu hören, denn viele Schiffe fahren unter einschlägigen Billigflaggen. Die Mindestgröße, um mit einer Hymne bedacht zu werden, liegt bei 1000 Großtonnen (GT). Zu allen Schiffen, die auf der Elbe vorbeiziehen, gibt es über die

Schiffe-Gucken an der Schiffsbegrüßungsanlage Willkomm Höft

mit Hera, Gerd + Hannibal 7.2019 ich.

Lautsprecher noch Informationen zu Größe, Geschwindigkeit, Start- und Zielhafen. Für Landratten immer wieder ein Erlebnis.

i Schiffsbegrüßungsanlage Willkomm Höft, Schulauer Fährhaus, Parnaßstraße 29, 22880 Wedel, www.schulauer-faehrhaus.de
Begrüßt wird täglich von 9 Uhr bis zum Sonnenuntergang.

Museum – Industriegeschichte in Hamburgs Umland

ELMSHORN. Um ein feines Krokomuster auf Leder zu bringen, wurde einst die Prägemaschine erfunden. Ein ganz altes Stück lässt sich noch im Industriemuseum von Elmshorn besichtigen, und Prägeproben zeigen, wie diese Maschine verschiedene Narben ins Rinds- oder Pferdeleder drückte. Die Maschine stammt aus der Blütezeit der Elmshorner Lederverarbeitung in den 1930er Jahren des vergangenen Jahrhunderts, als jeder dritte Industriearbeiter mit der Bearbeitung von Tierhaut beschäftigt war. Das Museum ist in einem alten Fabrikgebäude untergebracht, das selbst eine bewegte Geschichte hinter sich hat: erst Speicher für eine Steingutfabrik, dann Musikalienhandlung, schließlich Margarinefabrik. Heute zeigt das Haus die Entwicklung von Industrie und Arbeit in einer aufstrebenden Stadt im Hamburger Umland. In der Region waren vor allem Textil- und Nahrungsgüterindustrie und natürlich Schiffbau zu Hause. Elmshorn galt einmal als bedeutender Standort für den Bau von Holz- und später Eisenschiffen. Als diese jedoch immer größer wurden für die Fahrt auf See, erwies sich die Krückau, der Fluss der Stadt, als zu klein für den Transport der Schiffe. Der letzte Stapellauf 1975, festgehalten von einem Amateurfilmer, ist in der Schiffbauetage in Endlosschleife zu sehen. Eine Reihe von Exponaten lassen sich auch selbst ausprobieren, beispielsweise kann man mal auf einer Schiefertafel kratzen. Unter dem Dach hat ein alter Klassenraum Platz gefunden – mit echten Tintenklecksen auf den Bänken.

Echte alte Dampfmaschine

i Industriemuseum, Catharinenstraße 1, 25335 Elmshorn
Tel. 04121-26 88 70, www.industriemuseum-elmshorn.de,
Öffnungszeiten: Di, Fr, Sa 14–17 Uhr, Mi, So 10–17 Uhr, Do 14–19 Uhr

Wandern im Watt

Dithmarschen und das Wattenmeer

Das unterscheidet den Ostsee- vom Nordseeurlauber: Ersterer hat immer Wasser vor der Nase, an der Westküste Schleswig-Holsteins schaut es vielerorts nur zeitweise vorbei. So etwa alle zwölfeinhalb Stunden. Solange dauert es von einem Hochwasserstand zum nächsten. Und ebenso von einem Niedrigwasser zum nächsten. Und weil der Meeresboden besonders vor der Küste Dithmarschens sehr flach ist, fallen dann große Landstriche trocken: das Watt. Aber genau das macht den Reiz dieser Küste aus. Deshalb kommen viele hierher, um die schier endlose Weite dieser Landschaft zu sehen, wo fern am Horizont Himmel und Wattenmeer eins werden.

Wattenmeer – Wunder der Natur

BÜSUM. Das Wattenmeer ist eine der faszinierendsten Landschaften in Europa. Es zieht sich von Dänemark im Norden bis zur niederländischen Küste im Westen. Seit 2009 gehört das schleswig-holsteinische Wattenmeer zum Welterbe der UNESCO. Reichlich 4400 Quadratkilometer umfasst der Nationalpark schleswig-holsteinisches Wattenmeer und ist damit der größte in Deutschland. Größtenteils liegt er vor der Küste Dithmarschens. Ein Teil dieser einzigartigen Naturlandschaft aus Sand- und Schlickwatt, Sandbänken und Flussdelta-ähnlichen Prielen steht als Zone 1 unter besonders strengem Schutz, ihrer wirtschaftlichen Nutzung sind enge Grenzen gesetzt. Dafür ist es ein Paradies für Tiere. Vor allem für Vögel, die hier einen reich gedeckten Tisch vorfinden, für Seehunde, die sich auf den Sandbänken aalen, und natürlich für die im schlammigen Boden lebenden Würmer, Schnecken und Muscheln.

Die vom Lauf des Mondes bestimmte Zeit für Badefreuden an dieser Küste ist eingeschränkt, aber eine Wanderung durch das glitschige Watt bei Niedrigwasser macht ebenfalls Spaß. Ohne Tücken ist die Schlammlandschaft aber nicht. Sie wird durchzogen von Prielen, durch die das Wasser ab- oder zufließt. Die Priele sind teilweise sehr tief,

Seehunde auf einer Sandbank

der Piepstrom vor Friedrichskoog beispielsweise reicht 20 Meter in den Meeresboden. Auch ein Blick in den Tide-Kalender ist unerlässlich. Dort, wo gerade noch Seevögel nach Wattwürmern gepickt haben, kann ganz schnell wieder eine geschlossene Wasserfläche sein. Wer sichergehen will, schließt sich organisierten Wattwanderungen an, die in fast allen Ferienorten angeboten werden. Die Führer kennen nicht nur die Flut- und Ebbe-Zeiten sowie die Entfernungen genau, sie können auch manches erklären, was sonst dem Wanderer verborgen bleibt. Und sie wissen, wenn ein Wetter aufzieht, das es angeraten sein lässt, auf wirklich festem Boden zu bleiben.

i www.nordseetourismus.de

i www.nationalpark-wattenmeer.de

Wattwandern – Touren im Schlick

BÜSUM. Das Watt ist beileibe keine leere Schlick- und Sandwüste. Kaum irgendwo in Europa tummelt sich so viel Biomasse auf einem Quadratmeter Fläche wie hier im Reich des zeitweiligen Wassers. Von den nur wenige Millimeter großen Wattschnecken wurden schon mehr als 100 000 auf einem Quadratmeter gefunden. Von den mikroskopisch kleinen Kieselalgen lebt gar eine Million auf dem Quadratzentimeter. Dieses und viele andere erfährt man bei geführten Wattwanderungen, die von vielen Küstenorten und den Inseln aus starten. Oft darf man dabei selbst unter Anleitung nach dem verborgenen Leben graben.

Von einem der größten unterirdischen Bewohner sieht man nur die Exkremente: Kleine geringelte »Spaghettihäufchen« lässt der bis zu 40 Zentimeter lange Pier- oder Wattwurm zurück, der sich von den Nahrungspartikeln im Boden ernährt. Die Würmer sind beim Fressen enorm fleißig, innerhalb eines Jahres haben sie die oberen 20 Zentimeter des gesamten Wattbodens einmal komplett »durchverdaut«. Das Watt ist aber auch Brut- oder Rastplatz für mehr als eine Million Vögel. Brandgänse, Eiderenten, Austernfischer, Säbelschnäbler, Lachmöwen, Küstenseeschwalben, Kampfläufer, Kiebitze und viele andere ziehen hier entweder ihre Jungen auf oder fressen sich Fettreserven für weite Flüge gen Afrika oder Arktis an. Vor allem aber ist das Wattenmeer Kinderstube für

Nordsee-Erfahrung Wattwandern

zahlreiche Fischarten. Nicht nur Heringe wachsen hier in Scharen heran, auch Schollen, Seezungen und Sandgarnelen. Die größten Tiere in der Wattlandschaft sind die Kegelrobben. Sie brauchen vor allem in der Aufzuchtzeit ihrer Jungen die trockenfallenden Sandbänke.

Small Five im Wattboden

Afrikareisende gehen gern auf die Spur der Big Five: Elefant, Löwe, Nashorn, Büffel und Leopard, die fünf großen Säugetiere. Im Norden Deutschlands gibt es die Small Five. Die sind nicht nur deutlich kleiner, sondern leben zum Teil auch noch versteckt im Wattboden. Wattwurm, Nordseegarnele, Herzmuschel, Strandkrabbe und Wattschnecke sind die wichtigsten Bewohner des matschigen Untergrundes, dabei zahlreich und nicht vom Aussterben bedroht. Der Mensch stellt ihnen auch nicht so nach wie die Wilderer dem Nashorn. Ihre ärgsten Feinde haben einen spitzen Schnabel: Viele Vögel tun sich an den kleinen Wattbewohnern gütlich.

Köge – Land hinter dem Deich

FRIEDRICHSKOOG. Sie heißen Wesselburenerkoog, Karolinenkoog, Friedrichskoog oder Kronprinzenkoog und sind Land hinter dem Deich, das einst Nordsee war. Köge entstanden schon um das Jahr 1000, die meisten aber nach dem 17. Jahrhundert. Viele Kilometer Deiche wurden errichtet in einer Zeit ohne Bagger und Lastwagen, nur mit Schaufel und Kiepe. Der Lohn war fruchtbares Land, gewonnen mit schier unermesslicher Kraftanstrengung. Aber es blieb stets von der Nordsee bedrohtes Land. Verheerende Sturmfluten brachten Schaden an Leib und Besitz. Man muss einmal bei einem Weststurm auf einem Deich gestanden haben, um wirklich die Urgewalt der tosenden See ermessen zu können. Es ist aber eine Erfahrung, die dem für einen Urlaub Angereisten lange im Gedächtnis bleibt. Und das, obwohl die Deiche heute ungleich höher und stabiler sind als früher. Wenn damals die Wassermassen eine Lücke in den Erdwall rissen und sich ungebremst über das Land ergossen, war oft die Arbeit vieler Jahre vernichtet.

Nordsee und Eindeichung haben die Küstenlinie gravierend verändert. Büsum, heute eine Kleinstadt und Touristenzentrum am Meer, war im Mittelalter noch eine Insel

ohne Verbindung zum Festland. Und die Vogelinsel Trischen lag damals vier Kilometer weiter westlich.
Die Köge sind heute eine sehenswerte Kulturlandschaft mit weit verstreut liegenden Dörfern und Gehöften, wie geschaffen dafür, mit dem Fahrrad erkundet zu werden. Und Ferienwohnungen gibt es auf manchem der Bauernhöfe dort auch. Da ist der Besucher dem Leben hinter dem Deich ganz nah.

i Tourist-Information: Koogstraße 141, 25780 Friedrichskoog, Tel. 04854-90 49 40, www.friedrichskoog.de

Neulandhalle - Ort schwieriger Erinnerung

DIEKSANDERKOOG. Auf großen gelben Wegweisern ist die Strecke zur Neulandhalle ausgeschildert. Eines der wenigen Zeugnisse aus der Nazi-Zeit in Schleswig-Holstein steht dann hinter hohen Bäumen eher versteckt. Der wuchtige Backsteinbau – pompöses Versammlungszentrum und Ersatzkirche zugleich – erhebt sich auf einer Warft auf dem sogenannten Franzosensand. Der einst vor dem Eingang stehende Glockenturm existiert nicht mehr, auch nicht die beiden überlebensgroßen steinernen Wächterfiguren, Soldat und Arbeiter mit Spaten. Im Inneren blieb jedoch der »Flammenaltar« erhalten, die Wände schmücken Monumentalgemälde von Deicherbauern. Ansonsten dominiert eher Jugendherbergsatmosphäre.
Die Halle war der zentrale Bau im nationalsozialistischen Landgewinnungsprojekt an der Westküste. Propagandistisch groß ausgeschlachtet, waren beim Bau des sogenannten Adolf-Hitler-Koogs mehrere tausend Angehörige des Reichsarbeitsdienstes im Einsatz. 1935 wurde der Koog eingeweiht und man siedelte gut hundert Bauern- und Arbeiterfamilien an. Es gab Pläne, große Teile des Wattenmeeres einzudeichen. Innerhalb von 100 Jahren sollten 300 Quadratkilometer neues Bauernland gewonnen werden. Doch nur drei größere und ein halbes Dutzend kleine Köge wurden fertiggestellt, dann kam der Krieg und das

Die Neulandhalle

Interesse an dieser Art Landnahme erlosch. Die Köge sind geblieben, die Namen der alten Nazi-Größen wurden getilgt. Aus dem Adolf-Hitler-Koog wurde der Dieksanderkoog.
Die Neulandhalle war dann Kneipe und später kirchliche Jugendbegegnungsstätte. 2011 wurde der Kirche die weitere Unterhaltung des Bauwerks zu teuer, die Begegnungsstätte zog aus. Inzwischen entsinnen sich Historiker des geschichtsträchtigen Bauwerks. Sie würden hier gern einen »Lernort« einrichten, der sich mit der Geschichte des Nationalsozialismus und den Verführungsmechanismen jener Zeit auseinandersetzt.

i Neulandhalle, Dieksanderkoog, Franzosensand 2

Top ➠ Seehundstation – Mutterlose Heuler in Pflege

FRIEDRICHSKOOG. Erwartungsfroh hebt Juris, das Kegelrobbenmännchen, seinen Kopf aus dem Wasser. Es ist kurz vor halb elf und das heißt: Gleich gibt's Futter. Es steht wie jeden Tag Fisch auf dem Speiseplan in der Seehundstation Friedrichskoog. Ein Höhepunkt im Tagesablauf sowohl für die Tiere als auch für die Besucher. Letzteren wird dann unter anderem auch erklärt, wie sie sich bei einer Begegnung mit einem Heuler – Jungtiere, die in der Säugezeit den Kontakt zu ihrer Mutter verloren – zu verhalten haben. Wichtigster Grundsatz: Abstand halten zu den durchaus wehrhaften Raubtieren. Am besten mehr als 300 Meter. Und Hunde an die Leine nehmen.
Juris lebt ständig im großen Doppelbecken der Station. In Gefangenschaft geboren, darf er nach deutschem Recht nicht ausgewildert werden. Vier Seehunde und zwei Kegelrobben sind Dauergäste in Friedrichskoog. Im Herbst leert es sich hier. Dann sind die meisten Heuler wieder ausgewildert. Im Sommer hingegen ist es ziemlich voll. Autorisierte Seehundjäger, die schon seit Jahrzehnten nicht mehr jagen, sondern betreuen, liefern oftmals über 150 junge Seehunde in einer Saison ein. In der Station werden die Tiere aufgezogen. Wenn sie einen halben Zentner Lebend-

Kegelrobbe Juris vor der Fütterung

Blick von oben auf die Aufzuchtstation

NDR Serie in Verbindung mit 2 Tierparks + Bremerhaven Zoo am Meer

gewicht erreicht haben und vom Tierarzt als gesund und ausreichend kräftig genug eingeschätzt werden, geht es per Boot hinaus ins Wattenmeer. Von nun an müssen sie ihre Fische selbst fangen.

Rund 150 000 Besucher kommen jährlich nach Friedrichskoog. Juris und seine Gefährten sind immer da und lassen sich gut beobachten – auch unter Wasser von großen Fenstern aus. Seit 2010 gibt es ein weiteres Ausstellungsgebäude im Gelände, hier werden die »Robben der Welt« in lebensgroßen Modellen vorgestellt. Regelmäßig finden Vorträge statt. Den besten Überblick über die Station hat man von der ehemaligen Rettungsbake der Insel Trischen, die 2001 nach Friedrichskoog umgesetzt wurde. Über eine steile Wendeltreppe geht es hinauf. Gute Sicht vorausgesetzt, bietet sich ein faszinierender Blick über Land und Wattenmeer.

i Seehundstation Friedrichskoog e.V., An der Seeschleuse 4, 25718 Friedrichskoog, Tel. 04854-13 72, www.seehundstation-friedrichskoog.de
Öffnungszeiten: März–Okt. täglich 9–18 Uhr, Nov.–Feb. Täglich 10–16 Uhr

Attraktionen – Deich-Tribüne, Lagune und Promenade

BÜSUM. Das Wattenmeer erhält eine Tribüne. Vom erhöhten Aussichtsplatz am Deich von Büsum kann der Besucher die Sonne ins Meer tauchen sehen oder ganz entspannt zuschauen, wie sich im Rhythmus der Gezeiten Land in Wasser und Wasser in Land verwandelt. Möglich macht das der Ausbau des Landesschutzdeiches, der für die Zukunft Ort, Bewohner und Urlauber vor Sturmfluten sicher schützen soll. Ein paar hundert Meter weiter wartet noch eine neue Attraktion auf die Besucher: die Familienlagune Perlebucht. Eine Sandbank mit Dünenlandschaft trennt die Lagune von der offenen Nordsee. Es ist immer Wasser da zum

Die Familienlagune Perlebucht - ein großzügiges Bade- und Freizeitareal

Baden, Tretboot-Fahren oder Kite-Surfen. Die Ebbe bleibt draußen. Ein Damm in der Mitte trennt Bade- und Wassersportbereich. Draußen auf der Seeseite lädt eine Promenade zum Bummeln ein. Stählerne Gestelle sind dort eingelassen, die zeigen, wie hoch das Wasser bei vergangenen Sturmfluten stand. Beeindruckend.
Bis vor gut 400 Jahren konnte man Büsum nur per Boot erreichen. Damals war es eine Insel. Erst 1585 wurde ein Damm zum Festland gebaut. Wer heute das alte Büsum suchen wollte, der müsste ins Watt steigen. Der ganze Südteil der einstigen Insel ist bei mehreren Sturmfluten vergangener Zeiten im Meer versunken. Naturgewalten und Eindeichungen haben eine ganz andere Küstenlinie geschaffen. Per Schiff geht es aber noch heute hinaus – für die Krabbenfischer zum Fang des leckeren Seegetiers, für Urlauber zu den Seehundbänken vor der Küste oder ganz weit auf die hohe See. Vom Büsumer Hafen legen auch Ausflugsdampfer nach Helgoland ab. Im Museumshafen sind einige Schiffe vergangener Zeiten vor Anker gegangen.

i Tourist-Information: Südstrand 11, 25761 Nordsee-Heilbad Büsum, Tel. 04834-90 90, www.buesum.de

Sturmflutenwelt - Erlebnisse mit dem Blanken Hans

BÜSUM. In der Sturmflutenwelt Blanker Hans, einem Gebäude in Form einer Welle gleich neben dem Büsumer Hafen, wo die typischen Krabbenkutter festmachen, wütet täglich mehrmals die stürmische Nordsee. Die Besucher jedoch müssen nicht um ihr Leben fürchten, wenn es in einer Mischung aus Schauspiel, Wagenfahrt und Ausstellung auf eine Zeitreise ins Jahr 1962, das Jahr der großen Sturmflut, geht. In einer

Krabbenkutter im Büsumer Hafen

Sturmflut als Kunst

authentisch nachgestalteten Dorfkneipe taucht man ein in die Atmosphäre jenes Abends, an dem der Blanke Hans über die Nordseeküste hereinbrach. »Die Deiche drohen zu brechen«, tönt es aus einem alten Schwarzweißfernseher, das Licht flackert, der Strom fällt aus. Danach beginnt eine Entdeckungsreise durch eine Welt voller Sturmfluten. Die

Die Sturmflutenwelt Blanker Hans in Büsum

Wagen der Sturmflutrettungsbahn rumpeln, der Sturm heult, das Wasser gurgelt ... Scheinbar über und unter Wasser geht es auf rund 300 Metern durch eine gespenstische Katastrophen-Kulisse. Die Bahn selbst wurde einst für den deutschen Pavillon der Weltausstellung in Japan 2005 gebaut und gelangte ein Jahr danach nach Büsum.
Auch in interaktiven Ausstellungen kann man den Blanken Hans dann mit allen Sinnen erfahren. Windmaschinen lassen einen Orkan aufleben, an Multimedia-Bildschirmen tauchen die Besucher ein in die Wetterküche, die zuweilen solche Extreme wie Sturmfluten hervorbringt. Erklärt werden die Zusammenhänge von Ebbe und Flut sowie die Entstehung von Sturmflut und Springflut. In der Kulisse eines 1960er-Jahre-Wohnzimmers berichten Zeitzeugen per Bildschirm, wie sie die dramatischen Stunden damals er- und überlebten.

I Sturmflutenwelt Blanker Hans, Dr. Martin-Bahr-Straße 7, 25761 Büsum, Tel. 04834-90 91 35, Öffnungszeiten unter www.blanker-hans.de

Ebbe, Flut und Tide

Im Gegensatz zu landläufiger Auffassung ist Ebbe nicht der Zeitpunkt, an dem das Wasser seinen niedrigsten Punkt erreicht. Denn das ist das Tideniedrigwasser. Ebbe bezeichnet den Zeitraum davor – also die Zeit, in der das Wasser abläuft. Umgekehrt ist die Flut der Zeitraum, indem das Wasser zurückkehrt – bis das Tidehochwasser erreicht ist. Der Zeitraum zwischen einem Hochwasser zum nächsten beträgt etwa zwölfeinhalb Stunden. Ebbe und Flut entstehen – stark vereinfacht – vor allem durch die Anziehungskraft von Mond und Sonne. Die Höhe einer Flut ist von der Konstellation der Himmelskörper abhängig: Stehen Erde, Mond und Sonne auf einer Linie, bei Neu- und Vollmond, läuft sie höher auf, man spricht von einer Springflut oder Springtide. Bei Halbmond ist die Kraft entsprechend geringer, es kommt zur sogenannten Nipptide. Für die Bewohner ist die Springflut allein keine Gefahr, die geht von Sturmfluten aus, wenn starke Winde das Wasser zusätzlich gen Küste treiben.

Eidersperrwerk – Bollwerk gegen Naturgewalten

WESSELBURENERKOOG. Zweimal fünf riesige Stahltore riegeln seit vier Jahrzehnten Schleswig-Holsteins längsten Fluss, die Eider, gegen die Fluten der Nordsee ab, wenn Gefahr im Verzug ist. Zuvor war entlang der Eider oftmals »Land unter«. Der Fluss hat einen breiten Mündungstrichter, der viel Wasser aufnehmen kann, wenn die Sturmflut kommt. Dahinter allerdings wird es eng, Städte wie Tönning weiter landeinwärts stehen dann unter Wasser. 1962 brachen die Wassermassen der Nordsee zum vorerst letzten Mal über Tönning herein, bei der großen Flut, die in

Die riesigen Stahltore sperren bei Gefahr die Nordsee aus.

Hamburg mehr als 300 Todesopfer forderte. Danach wurde der Hochwasserschutz an der Eider ausgebaut. Man schaufelte aber nicht einfach die Deiche entlang des Flusses höher, sondern riegelte die Mündung ab. Die Deichlänge verkürzte sich von 60 auf nur noch fünf Kilometer, die Wasserregulierung übernahm das Eidersperrwerk. Es ist das größte Küstenschutzbauwerk Deutschlands. Die fünf Doppeltore sorgen dafür, dass bei Ebbe Wasser aus der Eider in die Nordsee abfließen, bei höherer Flut ab einem Meter über dem mittleren Tidehochwasser kein Seewasser in den Fluss strömen kann. 40 Meter lang ist jedes der Tore und 250 Tonnen schwer. Gesteuert werden sie von der gläsernen Kanzel des Leitstands neben den Sperrtoren. Eine Schleuse sorgt dafür, dass die Fischkutter aus Tönning auch weiter das offene Meer erreichen können. Das Sperrwerk ist inzwischen zu einer Sehenswürdigkeit geworden. Ein Fußweg mit Aussichtsplattformen führt über den Straßentunnel, der das Bauwerk durchquert. Er bietet einen Blick weit über See und Binnenland. Schautafeln erklären Sinn und Funktionsweise des Sperrwerks. Aber nicht nur das Sperrwerk selbst ist zum Ausflugsziel geworden. Gleich nebenan liegen zwei bedeutende Naturschutzgebiete, die vielen Vogelarten Rast- und Nistplatz bieten: im Norden das Katinger

Der Kutter aus Tönning muss durch eine Schleuse zum Heimathafen.

Watt mit einem Aussichtsturm für Vogelbeobachtung und einem NABU-Naturzentrum, im Süden das Dithmarscher Eidervorland.

i Eidersperrwerk, 25746 Wesselburenerkoog

i NABU-Naturzentrum Katinger Watt, Katingsiel, 14 25832 Tönning, Tel. 04862-80 04, Öffnungszeiten der Ausstellung: April–Okt. täglich 10–18 Uhr

Trischen – Insel für Tausende Vögel

FRIEDRICHSKOOG. Die Vogelinsel Trischen mitten im Wattenmeer vor Friedrichskoog sieht aus wie eine Mondsichel mit einer »Nase« in der Mitte. 180 Hektar groß ist sie und ein typisches Beispiel für die Veränderungen in dieser Landschaft. Die Insel geht seit Jahrhunderten auf Wanderschaft, derzeit wandert sie gut 30 Meter pro Jahr gen Osten. Im Mittelalter war sie etwa viermal so groß wie heute, dann schrumpfte sie zur Sandbank, um später wieder zu wachsen. Vor 100 Jahren maß sie wieder knapp 800 Hektar. Damals wurde sie besiedelt, man baute einen Ringdeich, der Anwesen und Viehweide schützte. In den 20er bis 40er Jahren des vergangenen Jahrhunderts wurde versucht, die Insel als Trischenkoog durch Eindeichung dauerhaft zu sichern. Zeitweise stand auf dem Eiland die größte Scheune Dithmarschens. Sogar ein Damm wurde von Friedrichskoog aus Richtung Trischen aufgeschüttet, wegen befürchteter unkontrollierter Strömungsänderungen dann aber aufgegeben. Nur gut zwei Kilometer reicht der Damm nun ins Meer, bis Trischen sind es noch zwölf weitere. Und auch die Siedlung inmitten des Meeres wurde ein Opfer der See. Mehrere Sturmfluten überschwemmten die Deiche und machten Landwirtschaft unmöglich. Die letzten ständigen Bewohner gaben Ende der 1940er Jahre auf.

Jetzt ist die Insel geschützter Brut- und Rastplatz für Tausende Küsten- und Seevögel und zeitweiliges Zuhause für nur einen Menschen: Ein Vogelwart siedelt hier von Frühjahr bis Herbst in einer Hütte auf Stelzen. Aber vielleicht wächst die Insel ja auch wieder. Und wenn sie sich mit gleicher Geschwindigkeit weiter gen Osten bewegt, dann hat sie in 400 Jahren das Festland erreicht.

i www.trischen.de

Viele Silbermöwen (vorn) und Heringsmöwen (hinten) brüten auf Trischen.

Wattolümpiade – Watt für 'n Fest!

BRUNSBÜTTEL. Einmal im Jahr und immer im Hochsommer wird es in Brunsbüttel olümpisch. Da messen Mannschaften, die »Wattikan«, »100 000 Watt« oder schlicht »Watthunde« heißen, ihre Kräfte. Und das alles, man ahnt es, im Watt. Jenem zähen Schlick, den die Nordsee im Zwölf-Stunden-Rhythmus freigibt. Die Sportler schenken sich nichts beim Wattfußball, Watthandball, beim Wolliball oder beim Schlickschlittenrennen. Das Ganze ist ziemlich kraftraubend, schließlich stecken die Athleten bis zu den Knien im schlammigen Untergrund. Am Schluss sind alle schlammverkrustet bis an die Haarwurzeln. Abgepfiffen wird stets pünktlich, Nachspielzeit gibt's nicht. Schließlich kehrt irgendwann mit der Flut das Wasser zurück und Wasserball steht nicht auf dem Spiel-

Wattfußball vom Feinsten

Zum Schluss die erlösende Dusche von der Freiwilligen Feuerwehr

Der Steindeich als Tribüne und der Kampfrichterturm

plan. Der Spaß ist riesig, bei den Teilnehmern und auch den mehreren tausend Zuschauern, die auf den Deichen als großer Open-Air-Arena Platz nehmen. Das Spektakel dient auch noch einem guten Zweck – der Erlös geht an die schleswig-holsteinische Krebsgesellschaft.

i www.wattoluempia.de

Bauernrepublik – Wuchtiges Denkmal für eine Schlacht

HEMMINGSTEDT. Im Jahr 1500 nach Christi rückte eine Armada von 12 000 Mann des dänischen Königs und seiner holsteinischen Untertanen nach Dithmarschen vor. Das war eine Bauernrepublik von überschaubarer Größe, die bislang ganz ohne Fürsten als Landesherren ausgekommen war. Der Reichtum blieb also im Lande. Allerdings erhob der dänische König Anspruch auf Dithmarschen und wollte das in jenem Jahr mit Hellebarde und Kanone durchsetzen. Die Bauern brachten nur etwa die Hälfte an Kämpfern unter Waffen, doch sie öffneten die Siele, die auflaufende Flut drückte Wasser in die Gräben und überschwemmte das Land. Die auf der alten Heerstraße von Meldorf nach Hemmingstedt vorrückenden Truppen hatten keine Chance. Tausende ertranken oder wurden von den Verteidigern getötet. Das Ereignis ging als Schlacht von Hemmingstedt in die Geschichte ein und hält bis heute zuweilen als Grund her, wenn es um das recht ausgeprägte Selbstbewusstsein der Dithmarscher geht. Zwar ist der Ort der Schlacht trotz mancher Ausgrabung nicht genau bekannt, aber ein wuchtiges Denkmal gibt es trotzdem. Es liegt trotz seiner Größe etwas versteckt auf der Dusenddüwelswarft – hochdeutsch Tausendteufelswarft – zwischen Epenwöhrden und Hemmingstedt. Auf der aufge-

Stilecht: Eingangsdrehkreuz mit Morgenstern

Monumentales Denkmal auf der Dusenddüwelswarft

schütteten Anhöhe – einer Warft – ruht ein um die 30 Tonnen schwerer Findling inmitten einer kreisförmigen Feldsteinmauer. Auf ihm die Inschrift »Wahr die, Garr, de Bur de kumt«, was soviel heißt wie »Hüte dich, Garde, der Bauer, der kommt«. Errichtet wurde das Denkmal zum 400. Jahrestag der Schlacht im Februar 1900. Ein Stück entfernt stellt ein Diorama hinter Glas auf mehreren Metern mit Hunderten Figuren die Schlacht dar.

Inschrift auf dem Findling

i Dusenddüwelswarft, gelegen an der Straße zwischen Epenwöhrden und Hemmingstedt, westlich der Bundesstraße

Klein Texas – Ölboom in Dithmarschen

MELDORF. 1856 stieß ein Bauer bei Hemmingstedt auf seinem Land dicht unter der Oberfläche auf dunklen öligen Boden. Fachleute identifizierten das als Ölsand. Der Abbau unter Tage gestaltete sich jedoch schwierig und statt des Dithmarscher trat drei Jahre später das texanische Öl seinen Siegeszug um die Welt an. Erst 80 Jahre später wurden die Bohrarbeiter auf der Suche nach flüssigem Öl auch im schleswig-holsteinischen Westen fündig. An den Ölboom erinnert heute vor allem die große Raffinerie in Heide – bei Dunkelheit ein imposanter Anblick mit ihren beleuchteten Destillationskolonnen – und die Bohrinsel Mittelplate weit draußen im Wattenmeer. In Dithmarschen wippen die Pferdeköpfe der Pumpen schon lange nicht mehr auf den Weiden der Bauern. Eine der alten Pumpen hat allerdings überlebt – als Exponat im Hof des Dithmarscher Landesmuseums in Meldorf, das nicht nur über das Öl, sondern über die gesamte bewegte Geschichte der Region informiert. Sehenswert ist neben

Dithmarscher Landesmuseum in Meldorf

Im imposanten Meldorfer Dom

Kostbarkeiten aus der Frühzeit des bäuerlichen Lebens besonders ein großer Ausstellungsteil über das Dithmarscher Alltagsleben mit Kino und Kneipe, Operationssaal und Bahnhof in den vergangenen anderthalb Jahrhunderten. Eine besondere Kostbarkeit ist der Swinsche Pesel, die Gerichtsstube des Landvogts Marcus Swin aus dem Jahre 1568. Unbedingt besuchen sollte man den Dom zu Meldorf, eigentlich die 750-jährige St. Johannis-Kirche, eines der größten Gotteshäuser an der Westküste und Zeichen einstigen Reichtums der Dithmarscher.

i Dithmarscher Landesmuseum, Bütjestraße 2–4, 25704 Meldorf,
Tel. 04832-60 00 60, www.landesmuseum-dithmarschen.de
Öffnungszeiten: Juli–Aug. Di–Fr 10–16.30 Uhr, Sa, So 11–16 Uhr,
Sept.–Juni Di–Fr 10 bis 16 Uhr, So 11–16 Uhr

Museen – Kohlosseum und Hebbel-Haus

noch ansehen

WESSELBUREN. Im September eines jeden Jahres sind Kohltage in Wesselburen, der kleinen Stadt im Hinterland der Westküste. Besucher strömen zuhauf, es gibt einen großen Markt und als Höhepunkt wird eine Kohlprinzessin gekürt. Gilt Wesselburen doch als die Hauptstadt der weißen und roten Kohlköpfe, die in Dithmarschen zahlreicher als sonst wo in der Republik gedeihen. Deshalb gibt es hier in einer stillgelegten einstigen Sauerkrautfabrik das sogenannte Kohlosseum, ein spezielles Museum zum Kohl. In dem imposanten Backsteinbau wird umfangreich über Geschichte, Anbau und Verarbeitung des typischen norddeutschen Gemüses informiert. Ein Förderverein sammelte viele historische Gerätschaften: von Kohlschneide- und -erntemaschinen über Krautschneider bis zu alten Fässern, in denen das Kraut vor

Kohl vor dem Kohlosseum

Hebbel-Büste in Wesselburen

sich hin säuerte, bis dann leckeres Sauerkraut daraus wurde. In einer Krautwerkstatt können Besucher miterleben, wie in Handarbeit Natursauerkraut hergestellt wird. Immerhin 80 Millionen Kohlpflanzen werden pro Jahr im Dithmarschen geköpft, man zelebriert zu Beginn der Erntezeit den Anschnitt des ersten geernteten Kohls. Natürlich führt auch die Deutsche Kohlstraße durch das Anbaugebiet und bietet zahlreiche Anlaufstellen auf Höfen, in Museen und Hofcafés.

Jenseits des landwirtschaftlichen Exkurses kann Wesselburen auch ein kulturelles Kleinod vorweisen: das Hebbel-Museum. Sieben Jahre lebte und arbeitete Friedrich Hebbel in der Alten Kirchspielvogtei, zunächst als Laufbursche, dann als Schreiber des Kirchspielvogtes. Hier verfasste er auch seine ersten Gedichte. Das Museum besitzt neben Ausstellungsstücken aus jener Zeit zu Anfang des 19. Jahrhunderts, als Hebbel hier lebte, eine Bibliothek mit 6000 Bänden und eine umfangreiche Sammlung von Handschriften. Der Dramatiker pflegte einen regen schriftlichen und zum Glück überlieferten Austausch mit vielen Zeitgenossen.

i Kohlosseum, Bahnhofstraße 22a , 25764 Wesselburen, Tel. 04833-4 58 90, www.kohlosseum.de, Öffnungszeiten Di, Mi, Do 14–17 Uhr

i Hebbel-Museum, Österstraße 6, 25764 Wesselburen, Tel. 04833-41 90, www.hebbelmuseum.de, Öffnungszeiten: Mai–Okt. Di–Do 11–13 und 14–17 Uhr, Fr–So 11–13 und 14–16 Uhr, Nov.–April Di, Do 14–17 Uhr

Seebad – Markenzeichen Stelzenhäuser

ST. PETER-ORDING. Nirgendwo an der deutschen Küste ist der Sandstrand so breit wie in St. Peter-Ording. So breit, dass sogar Autos auf den Strand fahren können. Für die Urlauber ein Traum. Für manchen Umweltschützer ein Alptraum. Aber auch der Strandparkplatz hat sich zu einer eigenen Sehenswürdigkeit entwickelt, und daran mag kaum noch einer rütteln. Die Nordsee hat in unermüdlicher, jahrhundertelanger Arbeit Sand vor St. Peter-Ording abgekippt. Eine Laune der Natur, die dem Ort seine Einmaligkeit bescherte. Anderswo, wie auf Sylt, muss

Die für St. Peter-Ording typischen Häuser auf Stelzen

dagegen immer wieder mühsam aufgespült werden. Fünf Badestrände hat das Nordseeheilbad und trotz der zwei Millionen Übernachtungen im Jahr ist für alle reichlich Platz. Strand so weit das Auge reicht, nur unterbrochen von Häusern auf Stelzen. Der Bademeister thront mit seiner Hütte auf hohem Podest, dazu die Strandgaststätte, und auch zur Toilette geht es die Treppe hinauf. Hoch oben ist es sicher und trocken, auch wenn die Flut aufläuft und unten zuweilen die Pfähle salzig umspült. Der erste der Pfahlbauten war die legendäre »Giftbude«. Deren Name allerdings deutete nicht auf einschlägige gefährliche Substanzen hin, sondern darauf, dass es dort etwas »gift«, also etwas »gibt«. Und Eingeweihte wussten: Dort »gift« es vor allem Alkohol.

i Tourist-Information: Badallee 1, 5826 St. Peter-Ording, Tel. 04863-99 90, www.st-peter-ording.de

Strandsegeln – Jollen auf Rädern

ST. PETER-ORDING. Schätzt man an der Nordsee das Strandsegeln deshalb besonders, weil das Meer so oft tidebedingt nur in weiter Ferne ist? Auf jeden Fall tummeln sich die Segler ohne Wasser unterm Kiel gern in St. Peter-Ording, denn hier stimmen alle äußeren Bedingungen: Es gibt festen Sand und eine weite Strecke zum Fahren. Eine kräftige Brise ist auch eher die Regel denn die Ausnahme. Im Herbst, wenn die meisten Badegäste den Strand geräumt haben, schlägt die Stunde der schnellen Jollen auf Rädern. Weil der Rollwiderstand im Sand viel geringer ist als der des Schiffsrumpfes im Wasser, legen die Boote ein enormes Tempo vor. Sie schaffen bis zu 130 Kilometer in der Stunde. Deshalb braucht auch jeder

Strandsegler vor St. Peter-Ording

Strandsegler einen extra »Pilotenschein«. Schon seit den 1960er Jahren werden in St. Peter-Ording Strandsegelmeisterschaften veranstaltet.

i Termine für Veranstaltungen: www.st-peter-ording.de

Marschenbahn – Segelnde Draisinen

MARNE. Draisinen, diese motorlosen Gefährte auf Schienen, gibt es inzwischen mancherorts. Aber nur in Dithmarschen können sie auch segeln. Zwischen Marne und St. Michaelisdonn sind Draisinen mit Segeln unterwegs. Bei gutem Wind schafft man die rund zehn Kilometer lange Strecke in weniger als einer Stunde. Bläst es von vorn, muss allerdings schon kräftig in die Pedale getreten werden. Windstille herrscht selten im Land zwischen den Meeren. Das Segel lässt sich bei Gegenwind natürlich einrollen. Seit 2004 werden die zweiachsigen Draisinen durch die ebene Marschlandschaft bewegt. Vorbei an Feldern und Windrädern und manchmal fast auf Tuchfühlung mit großen Mähdreschern. Einst wurde die Marschenbahn gebaut, um Zuckerrüben und Kohl einfacher abzutransportieren. Später kam noch der Personenverkehr dazu. Lkw und Auto brachten das Aus für die Strecke. Schon 1961 ging zum letzten Mal das Signal für einen Personenzug auf Grün, bis in die 1980er Jahre gab es noch Güterverkehr. Immerhin wurde die

Mit Windunterstützung voran:
die Draisine Marne-St. Michaelisdonn

Strecke dann nicht abgebaut, so dass später das Projekt Draisinenbahn verwirklicht werden konnte. Zehn solcher Fahrzeuge stehen zur Verfügung, je vier Personen können mitfahren und zwei davon müssen treten.

i Marschenbahn Draisine, Bahnhofstraße 26, 25693 St. Michaelisdonn, Tel. 04853-80 73 05 oder 04851-95 76 86, www.marschenbahn-draisine.de, Fahrbetrieb vom 1. Mai bis zum Tag der Zeitumstellung im Herbst

Luftkurort – Nah am Meer und fast schon im Gebirge

BURG. Nur wenige Kilometer Luftlinie liegt der kleine Luftkurort Burg vom Meer entfernt, aber für schleswig-holsteinische Verhältnisse ist man hier schon fast im Gebirge. 66 Meter misst der höchste Berg der Gemeinde, der Wulffsboom. Wem das nicht reicht, der kann den dort stehenden, 21 Meter hohen Aussichtsturm erklimmen und hat einen weiten Blick bis zur Elbmündung. Vormals stand hier am Rande der hügeligen Geest eine Burg und man konnte von exponierter Stelle in großem Umkreis Ausschau halten. Am Turm gibt es ein informatives Waldmuseum, und nicht weit davon werden im flachen Marschland originale Spreewald-Kähne über die Burger Au gestakt. Die Kähne sind eine kleine Reminiszenz an jene Zeit, als die Burger Au ein bedeutender Schifffahrtsweg war und Burg selbst Dithmarschens größter Hafen, weit vor denen an der Nordsee. Der Weg auf dem Wasser war lang, führte von der Burger in die Wilster Au, dann über die Stör in die Elbe und weiter nach Hamburg. Ende des 19. Jahrhunderts liefen hier 1700 Schiffe pro Jahr aus.
Ein außerordentlich liebevoll gestaltetes Heimatmuseum erzählt denn auch von der langen Schifffahrts- und auch Schiffbautradition Burgs. Sie reicht bis in die Neuzeit, obwohl die Gemeinde nur noch von Paddelbooten und Kähnen angesteuert wird. Ein Burger Reeder jedoch schickt

Im originalen Spreewald-Kahn unterwegs auf der Burger Au

Schuhe für Pferde im Museum

heute noch seine großen Containerfrachter über die Weltmeere. Das Museum widmet sich auch dem heimischen Handwerk. Da gibt es eine Sattlerwerkstatt, den Schuh- und den Uhrmacher und sogar eine Zahnarztpraxis. Im Haus hat zudem die einstige königlich privilegierte Landapotheke ihr Domizil gefunden. Die Sammlung ist so umfangreich, dass sie in die Liste der deutschen Apothekenmuseen aufgenommen wurde. Ein alter Kaufmannsladen im Erdgeschoss ist mit so viel Liebe zum Detail gestaltet, dass man ihn kurz vor der Wiedereröffnung wähnt.

i Tourist-Information: Holzmarkt 7, 25712 Burg, Tel. 04825-90 11 94, www.burg-dithmarschen.de

i Heimatmuseum, Große Mühlenstraße 6, 25712 Burg, Tel. 04825-90 22 00, www.heimatmuseum-burg.de, Öffnungszeiten: Mai–Okt. Di, Fr–So 14.30–16.30 Uhr

i Waldmuseum, Obere Waldstraße 149, 25712 Burg, Tel. 04825-29 85, www.waldmuseum.de, Öffnungszeiten: April–Okt. Di–So 11–17 Uhr

i Kahnfahrten: Mai–Sept., www.dithmarscher-kahnfahrten.de, www.kahnschiffergilde.de

Steinzeitpark – Bekanntschaft mit unseren Vorfahren

ALBERSDORF. Seit 1997 ist in der Nähe des Luftkurortes Albersdorf und nicht weit von der A 23 zwischen Hamburg und Heide eine steinzeitliche Siedlung entstanden, erbaut nach den Erkenntnissen aus zahlreichen archäologischen Grabungen in der Umgebung. So wurden mehrere Häuser in der Art errichtet, wie sie möglicherweise vor fünf Jahrtausenden von den damaligen Bewohnern gebaut worden waren – mit wuchtigen Baumstämmen, die das mit Stroh gedeckte oder begrünte Dach tragen, mit Flechtwerk und Lehmverputz. Im Steinzeitdorf wird getöpfert und Brot gebacken, hier werden Flintsteine geschlagen und wird Feuer entfacht ohne Streichholz oder Zippo. Verschiedene Projektgruppen versuchen sich an steinzeitlichem Handwerk. Immer

Steinzeithaus im Dorf

am Wochenende sind Mitmachtage. Jenseits des Dorfes führen Wege durch den weitläufigen Park. Die Wanderung geht hinaus in eine halboffene Weide- und Waldlandschaft, wo Englische Parkrinder mit imposanten gebogenen Hörnern weiden, natürlich hinter einem sicheren Zaun. Sie sollen dazu beitragen, dass die Landschaft in einigen Jahren wieder so aussieht wie zur Zeit der Bauern und Jäger vor 5000 Jahren. Dafür werden auch wieder die Bäume gepflanzt, die einst hier das Waldbild bestimmten: Esche, Wildapfel, Eiche, Ulme, Eibe. Der Weg führt vorbei an Großsteingräbern, den echten prähistorischen Zeugen aus ferner Zeit. Im Dorf ist ein nachgebauter, begehbarer bronzezeitlicher Grabhügel entstanden, in Sichtweite des »echten« Hügels, der im 19. Jahrhundert ausgegraben wurde. In diesem bundesweit einmaligen Bauwerk sind die verschiedenen Bestattungsformen wie Urne oder Baumsarg nachgestellt.

Die Treppe – ein Baumstamm mit Stufen

i Steinzeitpark Dithmarschen – Archäologisch-ökologisches Zentrum, Süderstraße 47, 25767 Albersdorf

i Museum zum Steinzeitpark, Bahnhofstraße 23, 25767 Albersdorf, Tel. 04832-9 59 73 33 oder 04835-97 10 97, www.neues-aoeza.de
Öffnungszeiten: April–Okt. Di–So 11–17 Uhr

Klein Amsterdam – Idylle an der Eider

FRIEDRICHSTADT. Es ist nicht ganz Amsterdam, was am Zusammenfluss von Eider und Treene entstand, aber die Friedrichstädter sind stolz auf das Vorbild. Es waren niederländische Glaubensflüchtlinge, Remonstranten, die vor 400 Jahren die Stadt aufbauten – mit den typischen Kanälen, den kleinen Fußgängerbrücken und Giebelhäusern. Herzog Friedrich III. von Schleswig-Gottorf hatte hochfliegende Pläne, als er die Holländer ins Land holte. Er wollte ein Handelszentrum an strategisch günstigem Platze errichten. Das gelang nicht ganz, Friedrichstadt blieb immer eine Kleinstadt. Aber das macht vielleicht auch ihren Charme aus. Sie hat noch heute

Giebelhäuser am Markt

Kanal in Friedrichstadt

etwa so viele Einwohner wie kurz nach ihrer Gründung. Eine Reihe der Bürgerhäuser aus der Gründerzeit ist erhalten geblieben. Entlang der Kanäle liegen Ruderboote am Ufer, und manches Ferienhaus wirbt mit eigenem Bootssteg samt Wasserfahrzeug. Schnurgerade Straßen nach Schachbrettvorbild durchziehen den Ort.
Religiöse Toleranz kennzeichnete die Stadt: Hier lebten über die Jahrhunderte Juden und Katholiken, Remonstranten und Mennoniten, natürlich auch Lutheraner. Eine solche Vielfalt an Gotteshäusern verschiedener Glaubensrichtungen bietet kaum eine andere Stadt von gerade einmal zweieinhalbtausend Einwohnern. Es gibt die lutherische Kirche und die der Remonstranten, die bis heute mit ihren Türmen die Stadtsilhouette prägen. Deutlich schlichter sind die Mennoniten- und die ehemalige, jetzt »profanisierte« katholische Kirche. Die jüdische Synagoge dient als Kulturzentrum und Gedenkstätte.
Nicht nur die Stadt selbst hat viele malerische Winkel, die Umgebung ist ein Paradies für Radfahrer wie für Wassersportler. Eider, Treene und Sorge sind ein beliebtes Paddelrevier. Auf Rundtouren lässt sich die Wasserlandschaft mit ihren kleinen Dörfern im Hinterland aber auch mit dem Fahrrad erkunden.

i Tourist-Information: Am Markt 9, 25840 Friedrichstadt, Tel. 04881-93 93 16, www.friedrichstadt.de

Geschlechterfriedhof - Einzigartiges Denkmal

LUNDEN. Nur wenige Kilometer südwestlich von Friedrichstadt trifft man auf ein besonderes Relikt aus der langen und ereignisreichen Geschichte Dithmarschens – den Geschlechterfriedhof in Lunden. Der kleine Ort mit schönem Marktplatz und großer Kirche war eines der Zentren der alten Dithmarscher Bauernrepublik (1447–1559). Hier regierten vor einem halben Jahrhundert Bauerngeschlechter statt Feudalherren. Ihre Spuren hinterließen sie mit einem Geschlechterfriedhof, einer einzigartigen Begräbnisstätte, deren Ursprünge im Mittelalter liegen und die letztmalig 1945 genutzt wurde. Neben einer Vielzahl von Grabplatten sind noch 13 Grüfte erhalten, die zu herausragenden – auch wohlhabenden – Familienverbänden gehören. Zwei davon sind noch zeitweise begehbar. Über den Geschlechterfriedhof führt ein verschlungener Rundweg mit vielen erläuternden Tafeln, die das Gelände zu einem Museum unter freiem Himmel und einem spannenden Gang durch die Geschichte machen. Der bringt auch auf die Spur eines Meuchelmordes, denn hier steht ein Sühnestein für Peter Swyn, einen der führenden Repräsentanten der Bauernrepublik, der 1537 von gedungenen Mördern erdolcht wurde. Ein früher Bildhauer hat die grausige Szene für alle Ewigkeit in Stein gemeißelt.

Grabstein für die Familie Nannen mit der Darstellung des Jüngsten Gerichts

i Geschlechterfriedhof Lunden, rund um die St. Laurentius-Kirche, 25774 Lunden

Marktplatz – Keiner ist größer in Deutschland

HEIDE. Die Stadt Heide war einst Mittelpunkt der Dithmarscher Bauernrepublik. Auch wenn diese ihre Unabhängigkeit schon vor einem knappen halben Jahrtausend verlor, hat Heide eines bis in die Neuzeit gerettet: ihren Marktplatz. Der ist Deutschlands größter mit immerhin 47 000 Quadratmetern. Die respektable Größe war einst vonnöten, weil er zu bauernrepublikanischer Zeit als Versammlungsplatz diente. Hier strömten damals mehr als 10 000 waffenfähige Dithmarscher zusammen. Auch sprachen hier die 48 Regenten der Bauernrepublik Recht und straften die einschlägigen Delinquenten ab. Heute hätte ein Großteil der rund 20 000 Einwohner Platz zum Versammeln. Viele tausend Besucher kommen zusätzlich immer in geraden Jahren zum Heider Marktfrieden, einem mehrtägigen, mittelalterlich gestalteten Volksfest.

i Tourist-Information: Markt 28, 25746 Heide, Tel. 0481-2 12 21 60, www.heide-nordsee.de

i www.heider-marktfrieden.de

Hochseeinsel – Urlaub auf Felsen und Düne

HELGOLAND. Deutschlands äußerster Vorposten in der Nordsee, die Insel Helgoland, ist gerade mal einen Quadratkilometer groß. Knapp noch einmal so viel kommt mit der benachbarten Insel Düne hinzu. Und er liegt 48 Kilometer vom schleswig-holsteinischen Festland entfernt. Es ist ein kleiner Buntsandsteinfelsen inmitten der Nordsee, auf dem etwas mehr als 1000 Einwohner zumeist vom Tourismus leben. Der Strom der Besucher war besonders groß, als hier der zollfreie Einkauf von Schnaps und Zigaretten in voller Blüte stand. Das brachte Helgoland allerdings auch das wenig schmeichelhafte Image des »Fuselfelsens« ein.

Etwa 350 000 Tagesbesucher kommen jetzt noch pro Jahr auf die Insel und immerhin 70 000 buchen auch ein Bett für die Nacht. Die beeindruckende Landschaft lohnt den Besuch. Egal ob Wanderung über Unter-, Mittel- und Oberland, Blick auf die Lange Anna, das Wahrzeichen Helgolands, oder die Beobachtung der zahllosen Seevögel, die hier an den steilen Klippen brüten. Angereist wird mit zum Teil schon historischen Seebäderschiffen, allerdings muss auf See umgestiegen werden – vom Schiff auf die nur hier verkehrenden Börteboote. Das sind etwa zehn Meter lange Holzboote für bis zu 50 Passagiere, sehr stabil und seetauglich. Sie übernehmen auch den Seetransport zur Düne, wo Bungalowdörfer für Touristen gebaut wurden. Urlaub dort ist beliebt, auch weil man sich den Badestrand zuweilen mit Kegelrobben und Seehunden teilt.

Die bunten Holzhütten nehmen in ihrem Aussehen die gleichfalls bunten Hummerhütten der Hauptinsel wieder auf, einstige Fischerhütten, in

Die Lange Anna (li.), Wahrzeichen Helgolands

denen heute vor allem Souvenirs und Strandausrüstung angeboten werden. Die Hummer sind selten geworden, werden deshalb in einer biologischen Station wieder gezüchtet. Wenn auch nicht für den Teller, sondern zum Aussetzen.

- Helgoland Touristik, Lung Wai 28, 27498 Helgoland, Tel. 04725-20 67 99, www.helgoland.de
- Anreise per Schiff im Winter nur von Cuxhaven, im Sommer auch von Büsum, Hamburg, Wilhelmshaven und Bremerhaven
- www.helgoline.de, www.helgolandreisen.de, www.rahder.de

»Insel-Tausch« und Nationalhymne

Es wäre schon ein merkwürdiges Tauschgeschäft: Ein kleiner Felsen in der Nordsee gegen eine weitaus größere tropische Insel vor Afrikas Küste. Aber es hält sich hartnäckig die Mär, dass Deutschland von Großbritannien Helgoland im Tausch gegen Sansibar bekommen habe. Der Helgoland-Sansibar-Vertrag von 1890 legte jedoch vor allem die Einflusssphären in den afrikanischen Kolonialgebieten fest. Und Sansibar war damals ein selbstständiges Sultanat. Helgoland ging in jenem Jahr aber tatsächlich von Großbritannien an Deutschland über.

Auf der kleinen Felseninsel wurde schon zuvor deutsche Geschichte geschrieben, in Reimform. Hoffmann von Fallersleben dichtete hier 1841 im Urlaub das »Deutschlandlied«, dessen dritte Strophe heute die Nationalhymne ist. Die Melodie Joseph Haydns war schon etwas älter.

Daran erinnert auf der Insel nichts mehr. Fallerslebens Handschriften liegen in Archiven in Berlin und Krakau. Und seine einstige Urlaubsunterkunft ist ebenso wenig erhalten wie alle anderen Häuser, die vor dem Zweiten Weltkrieg entstanden waren. Von ihnen blieben nur Ruinen, nachdem die Briten, die Helgoland nach 1945 besetzten, hier Tausende Tonnen alter deutscher Munition zur Explosion brachten – die größte nichtnukleare Sprengung der Geschichte. Anschließend nutzte es die Royal Navy als Bombenabwurfplatz. Die Helgoländer waren da schon längst evakuiert, als die zur Festung ausgebaute Insel mit ihren zahllosen Bunkern und unterirdischen Gängen bei einem alliierten Bombenangriff kurz vor Kriegsende praktisch unbewohnbar wurde. Reste der alten Bunkeranlagen lassen sich heute im Rahmen von Führungen besuchen. Erst 1952 kam Helgoland wieder unter deutsche Ägide und wurde neu aufgebaut. Die Spuren der Bomben aber kann man bis heute sehen. Das Modell einer 12 000-Pfund-Bombe steht auch im Helgoländer Museum, das einen Einblick in Alltag und bewegte Geschichte der Insel gibt.

- Museum, Kurpromenade, 27498 Helgoland, Tel. 04725-12 92, www.museum-helgoland.de
- Bunkerführungen: Mi, Fr, So jeweils 16.30 Uhr, Karten über Helgoland Touristik, Tel. 04725-8 08 13

Der Leuchtturm von Amrum

mit Gerd bis ganz nach oben

Nordfriesland und die Inseln

Man nennt die Eilande in der Nordsee vor der Küste Schleswig-Holsteins die nordfriesischen Inseln. Im Gegensatz zu den ostfriesischen Inseln, die liegen zwar viel weiter westlich, gehören aber zum Bundesland Niedersachsen. Vier Ferieninseln sind es, die die Urlauber nach Schleswig-Holstein ziehen: Sylt, Amrum, Föhr und Pellworm. Jede hat ihren ganz eigenen Charme. Ebenso wie die Halligen, jene kleinen Gebilde im Wattenmeer, von denen nur noch die Häuser aus dem Wasser ragen, wenn die Flut einmal etwas höher aufläuft. Und auch im Hinterland der Küste verbirgt sich manch Sehenswertes.

Inselwelt – Bizarr geformt vom Meer

PELLWORM. Nirgendwo in Deutschland verändert sich die Landschaft so schnell wie am Wattenmeer. Das Auf und Ab von Ebbe und Flut trägt mancherorts Sand und damit auch Strand ab und schaufelt ihn andernorts wieder ans Ufer. Es waren vor allem zwei große Sturmfluten des Mittelalters, die die nordfriesischen Küsten völlig umkrempelten. Im 14. Jahrhundert bestimmte noch eine riesige Insel das Bild vor dem Festland, um vieles größer als alle heutigen Inseln zusammen. »Strand« hieß dieser Landstrich mitten im Wattenmeer. Durch Fischfang, Landwirt-

Schafe am Bahndamm der Hallig Nordstrandischmoor

Fähren verbinden die Inseln mit dem Festland.

Blick von Amrum übers Meer auf die Südspitze von Sylt

schaft, Salzgewinnung und Handel waren seine Bewohner zu relativem Wohlstand gelangt, nicht mehr nur das »beklagenswerte Volk«, das auf »mit Händen gemachten Erdhaufen wohnt, welche die höchste bekannte Flut überragen«, wie der römische Geschichtsschreiber Gaius Plinius der Ältere die Küstenbewohner ein gutes Jahrtausend zuvor beschrieb. In der Nacht vom 15. auf den 16. Januar 1362 brach eine verheerende Sturmflut über Land und Inseln herein, verschlang Mensch und Vieh, Haus und Kirche. Bis zu 100 000 Bewohner starben, die Insel Strand verlor einen großen Teil ihrer Fläche. Auch die Stadt Rungholt verschwand im Meer. In die Geschichte ging jene Nacht als die »Grote Mandränke« ein. In »Trutz, blanke Hans« dichtete ihr Detlev von Liliencron ein Denkmal:

»Ein einziger Schrei – die Stadt ist versunken,
und Hunderttausende sind ertrunken.
Wo gestern noch Lärm und lustiger Tisch,
schwamm andern Tags der stumme Fisch.
Heut bin ich über Rungholt gefahren,
die Stadt ging unter vor fünfhundert Jahren.«

Knapp drei Jahrhunderte später brach erneut die Nordsee mit ähnlich verheerender Wucht über die Küste herein. Das war am 11. Oktober 1634. Von der immerhin mehr als 200 Quadratkilometer großen Insel Alt-Nordstrand blieben nur drei voneinander getrennte Reste übrig: Pellworm, Nordstrand – heute eine Halbinsel – und die Hallig Nordstrandischmoor. Zwei von drei Bewohnern starben – es war die »zweite Grote Mandränke«. Wer heute mit dem Ausflugsschiff zu den Seehundsbänken oder den Halligen fährt, der hat einst fruchtbares Land tief unterm Kiel.

i www.nordfrieslandtourismus.de

Sylt – Langer Strand und viele Sterne

WESTERLAND. Die Sonnige, die Edle, die Begehrte – Sylt ist der Inbegriff für den Inselurlaub an der Nordsee schlechthin. 40 Kilometer Sandstrand im Westen, Shopping-Meilen im Inneren, Ferienwohnungen und Hotels ohne Ende für verschiedenste Bedürfnisse. Dazu gibt es auf der mit knapp 100 Quadratkilometer größten Nordseeinsel viel Landschaft zum entspannten Fahrradfahren und Wandern entlang der Kliffs, der Wanderdünen oder durch Heidewiesen.

Besuchenswert ist ein steinzeitliches Megalithgrab nördlich von Wenningstedt, das größte begehbare Steinzeitgrab Schleswig-Holsteins und eine besondere Sehenswürdigkeit. Der hier Beerdigte ruht unter einer Steinplatte von rund 20 Tonnen Gewicht. Das Grab weist auf ein Stück geologischer Geschichte der Insel hin: Ihren Geestkern schuf die Eiszeit, die hier ihren zum Teil recht großformatigen Bauschutt ablagerte. Das aber sichert der Insel das Überleben. Anders als die Marschinseln ist sie nicht vom Untergang in gewaltigen Sturmfluten bedroht. Im Gegensatz zum schönen Sandstrand, denn an ihm nagt in jeder Sturmsaison die Nordsee, so dass für viel Geld immer wieder neu aufgespült werden muss, was sich die tobende See genommen hat.

Das Rote Kliff bei Kampen zeigt noch den stabilen Kern und der höchste Berg ragt immerhin 52 Meter auf: die »Uwe-Düne«. Sie geht übrigens nicht auf Uwe Seeler zurück, sondern auf den einstigen Vordenker für ein eigenständiges Schleswig-Holstein Uwe Jens Lornsen.

Rund 850 000 Urlauber zieht es pro Jahr nach Sylt. Wer hierher kommt, der sucht oft nicht nur die Sonne, sondern auch eine gediegene Gastro-

mit Petra, Christiane ich Fahrradtour Tages   abends mit Petra [illegible] Flensburg zurück

Das Rote Kliff bei Kampen

Friesenhaus in Keitum

nomie, die sich auf der Insel durch eine beeindruckende Sterne-Dichte auszeichnet. Seit mehr als anderthalb Jahrhunderten genießt der Hauptort Westerland seinen guten Ruf als Seebad und gehört damit zu den ältesten an der Nordsee. Damals war die Anreise eher mühsam per Schiff, heute geht das bequem über den Hindenburgdamm.

- Tourist-Information: Friedrichstr. 44, 25980 Sylt/Westerland, Tel. 04651-99 80, www.insel-sylt.de
- Tourist-Information, Gurtstig 23, 25980 Sylt/Keitum, Tel. 04651-99 80, www.nordseetourismus.de
- www.syltfaehre.de
- www.flughafen-sylt.de
- Großsteingrab Denghoog, www.soelring-foriining.de (Das ist friesisch und heißt Sylter Verein), Öffnungszeiten: April–Okt. Mo–Fr 10–17 Uhr, Wochenende 11–17 Uhr

Hindenburgdamm – Wenn Autos Zug fahren

WESTERLAND. Man kann Sylt aus der Luft erreichen – es gibt einen Flugplatz. Es geht auch mit dem Schiff – es gibt Häfen. Auch auf dem Landweg ist das möglich – schließlich gibt es einen Damm. Aber keine Straße. Mit dem Auto geht es auf die Insel nur Huckepack per Bahn.

Als der Hindenburgdamm von 1923 bis 1927 gebaut wurde, war die Eisenbahn noch das vorrangige Verkehrs- und Transportmittel, das Auto eher selten. So ist die Überfahrt im Auto auf einem Eisenbahnwaggon Teil des Erlebnisses Sylt-Urlaub, einschließlich der Verladung auf den Sylt-Shuttle. Der Damm ist gut elf Kilometer lang, weil aber inzwischen zwei Köge entlang der Gleise eingedeicht wurden, führt die Trasse nur noch auf acht Kilometern durchs »richtige« Wattenmeer. Bis zu 1500 Arbeiter waren am Bau beteiligt. Zunächst nur eingleisig, wurde dann bis 1972 ein zweites Gleis verlegt.

Mit dem Autozug auf die Insel

Biikebrennen – Winterlicher Feuerzauber

WESTERLAND. Für die Bewohner der Westküste und besonders der Inseln ist der 21. Februar ein besonderer Tag, fast so etwas wie der nordfriesische Nationalfeiertag: Dann lodern überall riesige Feuer. Holz und Reisig werden hoch aufgeschichtet und pünktlich entzündet. Inzwischen geschieht das auch zur Freude vieler Urlauber, die im Winter kommen. Die Biike – was auf Friesisch soviel wie »Feuerzeichen« heißt – hat eine lange Tradition. Es ist ein Brauch aus heidnischer Zeit, der die bösen Geister des Winters vertreiben und Gott Wotan milde stimmen sollte fürs angebrochene Jahr.

Beim Biikebrennen ziehen die Schaulustigen in langer Schlange mit Hunderten Fackeln zum Platz des großen Feuerzaubers. Vor dem Zünden gibt es noch eine zünftige Feuerrede, oft auch in der heimischen Mundart auf Friesisch. In manchen Orten fliegt auch noch eine Strohpuppe in die Flammen, das »Petermännchen«. Im 17. und 18. Jahrhundert wurden beim Biikebrennen auch die Walfänger zu ihrer gefährlichen Reise auf den Atlantik verabschiedet. Der Blick auf die Feuer zurück sollte sie noch lange begleiten.

Heute wetteifern die einzelnen Orte um das größte Feuer. Die meisten Scheiterhaufen lodern auf den Inseln, vor allem auf Sylt und auf Föhr, wo gleich ein Dutzend Feuer entzündet werden. Pellworm feiert sogar gleich dreifach die Biiketage.

i www.nordseetourismus.de

i www.biike.de

Biikebrennen auf Sylt

Amrum – Strand, viel Wald und Freikörperkultur

WITTDÜN. Gerade einmal 20 Quadratkilometer groß ist die Insel Amrum, aber wegen ihres eiszeitlichen Geestkerns recht sicher vor den Angriffen der Nordsee. Deshalb kamen schon früh die ersten Siedler, die ältesten Spuren gehen auf die Jungsteinzeit zurück. Heute kommen vor allem Touristen, die Zahl der Gästebetten übertrifft die der Schlafstätten der Einwohner um ein Mehrfaches. Viele lockt der Strand, der Kniepsand, der sich entlang der Westküste erstreckt: 17 Kilometer lang, bis zu zwei Kilometer breit und strahlend weiß. Er ist ein Anziehungspunkt für FKK-Anhänger, die hier an mehreren weitläufigen Stränden willkommen sind. Mit dem Inselkern verbindet der Strand eine ausgedehnte Dünenlandschaft, der höchste der sandigen Berge erreicht immerhin eine Höhe von 32 Metern. Die hügelige Landschaft lässt sich auf mehreren Bohlenwegen erwandern. Querfeldein zu laufen, ist verboten, denn hier brüten Möwen, Graugänse und viele andere Vögel. Eine historische Vogelkoje erinnert noch an jene Zeiten, als hier die Enten und Gänse zu Tausenden gefangen und verspeist wurden. Amrum ist die waldreichste Nordseeinsel. Kiefern, Fichten und Birken wurden seit 1948 auf Heideflächen angepflanzt und bedecken jetzt eine Fläche von 180 Hektar. Die Busch- und Heidelandschaft der Insel lockt vor allem im Spätsommer, wenn unzählige Blüten sie lila färben. Amrum lässt sich am besten mit dem Fahrrad erkunden. Es gibt in allen Orten Verleihfirmen. Der Leuchtturm von Amrum, auf den 172 Stufen nach oben führen, bietet einen atemberaubenden Rundumblick, die entsprechende Sicht vorausgesetzt, über Strand, Düne, Heide, Wald und auch auf die Nachbarinseln Föhr und Sylt sowie die Halligen Langeneß und Hooge. Föhr kann man sogar von Amrum

Weg durch die wilde Dünenlandschaft

Am Strand von Amrum

Austernfischer lassen sich in großer Zahl beobachten.

Mit seinen reetgedeckten Häusern ist Nebel der schönste Inselort.

aus erwandern – quer durch das Watt bei Niedrigwasser und mit einem ortskundigen Führer.

Amrum ist per Schiff von Dagebüll und Schüttsiel, von Hörnum auf Sylt und Strucklahnungshörn auf Nordstrand aus zu erreichen.

i Tourist-Information: Inselstraße 14b, 25946 Wittdün, Tel. 04682-9 40 30, www.amrum.de

i www.faehre.de

i www.adler-schiffe.de

Föhr - Die Friesische Karibik

WYK. Wer ins Museum will, muss zuerst durch den Kiefer eines Blauwals. Der gewaltige Knochen ist eine gelungene Einstimmung auf die Geschichte der Insel Föhr und ihrer Walfänger. Die Abteilung zu Seefahrt und Walfang gilt – neben Natur- und Volkskunde – als ein besonderer Anziehungspunkt im Friesenmuseum von Wyk auf Föhr. Es stammt aus dem Jahre 1908 und ist eines der ältesten Heimatmuseen im Norden, in seinem Freigelände stehen Mühle und Friesenhaus aus dem Jahre 1617. Auf der Insel gibt es zudem ein Museum für die Kunst der Westküste. Wenn es in der Friesischen Karibik, wie sich Föhr wegen seines vom Golfstrom begünstigten Klimas selbst gern nennt, einmal wettermäßig nicht so passend zum Namen zugeht, ist somit für Abwechslung gesorgt. Vor allem kommt man hierher, um Urlaub am Strand zu machen. Seit 1819 ist das so. Seitdem ist Wyk schon Seebad und damit eines der ältesten Deutschlands. Für Aufschwung sorgte vor allem ein früher Badegast: Der dänische König Christian VIII. lebte ab 1842 zeitweise über mehrere Jahre hier und machte Wyk zu seiner Sommerresidenz. Die Geschichte der Insel reicht natürlich viel weiter zurück, bis in die Zeit, als Föhr noch Teil des Festlandes war. Erst die gewaltige Flut von 1362 kappte die Verbindung. Auf der kleinen Insel befindet sich ein gewaltiger Ringwall

Am Wyker Oststrand

von fast einem halben Kilometer Umfang und bis zu zehn Meter Höhe. Es ist die Lembecksburg bei Borgsum, die vermutlich den Wikingern als Stützpunkt gedient hatte und im 14. Jahrhundert in den Besitz des holsteinischen Edelmannes Klaus Lembeck geriet. Heute ist Wyk das Zentrum und die einzige Stadt der Insel. Hier legen die Fähren von Dagebüll an, die vor allem die Touristen auf die Insel bringen. Einige reisen auch per Flugzeug an, die zweitgrößte deutsche Nordseeinsel hat einen kleinen Flughafen.

- i Tourist-Information: Am Fähranleger 1, 25938 Wyk auf Föhr, Tel. 04681-300, www.foehr.de
- i Friesenmuseum, Rebbelstieg 34, 23938 Wyk auf Föhr, Tel. 04681-25 71, www.friesen-museum.de, Öffnungszeiten: Mitte März bis Okt. Di–So 10–17 Uhr, Juli–Aug. auch Mo, Nov. bis Mitte März Di–So 14–17 Uhr

Friesisch, eine eigene Sprache

Schild an einer Polizeistation in Friedrichstadt

Im äußersten Nordwesten Deutschlands wird noch Friesisch gesprochen, was eine ganz eigene Sprache ist und nicht etwa nur ein Dialekt des Plattdeutschen. Das Friesische wiederum besteht aus mehreren Dialekten, die sich auch noch einmal deutlich unterscheiden. Sölring zum Beispiel spricht man auf Sylt, Fering auf Föhr, Öömrang auf Amrum. Die friesischen Dialekte sind jedoch stark bedroht, zum Teil werden sie nur noch von wenigen hundert Menschen gesprochen. Allerdings unterrichten die Schulen wieder Friesisch, und Vereine bemühen sich, die Sprache und die einzelnen Dialekte nicht aussterben zu lassen. Manche Begriffe aus dem Friesischen erschließen sich dem Unkundigen, beispielsweise »Politii«. Schwerer ist es mit »leew haa'k di, min öömrang lun«, wie es in einem Gedicht auf Amrum zu lesen ist – »Lieb hab ich dich, mein Amrum Land«.

Pellworm – Grüner Überrest einer Rieseninsel

TAMMENSIEL. Wie eine riesige Suppenschüssel liegt Pellworm mitten im Meer. Nur mit einem Unterschied: Die Suppe – die Nordsee – bleibt draußen. Und drinnen ist es schön trocken. Ein 28 Kilometer langer und acht Meter hoher Deich schützt die unter dem Tidehochwasser liegende Insel vor der Nordsee. Gäbe es die Deiche nicht, würde zweimal am Tag all das fruchtbare Land überschwemmt werden. Dank der Dämme weiden hier Schafe und Rinder. Auf Pellworm geht es gemächlicher zu als auf den anderen nordfriesischen Inseln. Die Gehöfte und winzigen Ortschaften liegen weit auseinander, und die Touristen sind auch weniger zahlreich. Es gibt einzelne Badestellen, aber keinen Sandstrand, dafür viele Wege zum Fahrradfahren. Gleich hinter dem Deich steht das Wahrzeichen der Insel, die Turmruine an der Alten Kirche. Der wuchtige Backsteinturm ist noch 26 Meter hoch. Einst war er höher, aber 1611 gab bei schönstem Wetter plötzlich der Boden nach und ein Teil des Turmes brach zusammen. Zu seinen Füßen liegt seit über 100 Jahren eine besondere Begräbnisstätte, der sogenannte Friedhof der Heimatlosen. Niemand kennt ihre Namen, in kleine Steinplatten ist nur ein Datum eingraviert. Das ist der Tag, an dem sie am Strand gefunden wurden. Menschen, die das Meer genommen und später wieder gegeben hat. Die sehenswerte Kirche stammt aus dem 10. Jahrhundert, wurde allerdings oft umgebaut und beherbergt nicht nur die letzte in Schleswig-Holstein erhaltene Orgel des berühmten Baumeisters Arp Schnitger, son-

Das Wahrzeichen von Pellworm: die Turmruine an der Alten Kirche

Ein hoher Deich schützt Pellworm.

Gedenken an die namenlosen Toten

dern auch Pretiosen aus anderen Kirchen der einstigen großen Insel Strand, die 1634 unterging und mit ihr ein großer Teil der Bewohner. Nur drei von 21 Kirchen überstanden jene Katastrophe, die als »Zweite Grote Mandränke« in die Geschichte einging. Zwei davon auf Pellworm. Die anderen verschlang die tobende See, eine der schwersten Sturmfluten der Geschichte, der die damaligen schwächeren Deiche nicht standhielten. Wo einst die große Insel aus dem Meer ragte, ist heute Watt. Nur Pellworm und die heutige Halbinsel Nordstrand wurden danach wieder eingedeicht. Die älteren Reetdachhäuser auf Pellworm stehen auf Warften. Es sind Erinnerungen an jene Zeit, als die Deiche noch niedrig waren.

- i Tourist-Information: Uthlandestraße 2, 25849 Pellworm, Tel. 04844-1 89 40, www.pellworm.de
- i Anreise per Fähre von Strucklahnungshörn auf Nordstrand
- i Neue Pellwormer Dampfschifffahrts GmbH (NPDG), Am Tiefwasseranleger 1, 25849 Pellworm, Tel. 04844-753, www.faehre-pellworm.de

Rungholt-Museum – Spuren einer versunkenen Welt

PELLWORM. Scherben über Scherben. Gelbe und rote, schwarze und bunte. Manche nur Fragmente, andere zu halben oder manchmal sogar ganzen Krügen und Töpfen zusammengesetzt. Sie stehen auf Regalen und

Scherben aus der untergegangenen Stadt Rungholt

liegen in zahllosen Kisten. Dazu alte Kämme, Knochen, Werkzeuge. Es sind Überreste einer versunkenen Welt. Gesammelt hat sie in Jahrzehnten der Pellwormer Wattführer Hellmut Bahnsen und stellt sie in seinem kleinen privaten Rungholt-Museum auf Pellworm aus. Die Funde stammen aus dem 12. bis 17. Jahrhundert, und manches davon lässt sich Rungholt zuordnen, einer wohlhabenden Metropole auf der Insel Strand, die in einer einzigen Januarnacht des Jahres 1362 unterging. Eine Sturmflut verschlang ein Viertel der Insel und veränderte nachhaltig die Küstenlinien Nordfrieslands. Das Nordfriesische Atlantis lag wohl in der Nähe der heutigen Hallig Südfall, dort stieß schon vor einem Jahrhundert ein Hobby-Archäologe von Nordstrand auf erste Überreste der von Mythen umgebenen Stadt. Vieles hat längst das Meer wieder zugespült. Aber weil sich die Landschaft im Wattenmeer durch die gewaltigen Gezeitenströme immer wieder verändert, sind neue Entdeckungen wahrscheinlich. Nur die alte Prophezeiung, dass Rungholt dereinst wieder aus dem Meer auferstehen werde, die wird sich wohl nicht erfüllen. Auch wenn die Legende besagt, dass noch heute zuweilen die Glocken der untergegangenen Kirche unter dem Meeresspiegel zu hören seien.

i Rungholt-Museum Bahnsen, Westerschütting 2, 25849 Pellworm,
Tel. 04844-99 09 06, Öffnungszeiten: Mi ab 15 Uhr,
in der Saison auch deutlich öfter sowie auf Anmeldung

i Inselmuseum zur geologischen und Kulturgeschichte Pellworms,
Uthlandestraße 2, 25849 Pellworm, Tel. 04844-1 89 35
Öffnungszeiten: Mo–Fr 8–16 Uhr, Sa 16–18 Uhr,
in Juli und August auch So 10–12 Uhr

i Ausstellung zur Schifffahrt im ehemaligen Dampferschuppen am Hafen,
Öffnungszeiten: April–Nov. täglich 10–17 Uhr

Die Hamburger Hallig liegt inmitten von Salzgraswiesen.

Top ➠ Halligen – Wo Landunter zum Alltag gehört

HOOGE. Die Halligen sind die kleinsten Vorposten Nordfrieslands im Wattenmeer. Zehn davon gibt es an Schleswig-Holsteins Westküste. Wenn die ersten Herbststürme die Flut zu weißgrauen Wellengebirgen auftürmen, dann heißt es für die Bewohner wieder öfter »Land unter«. Denn die Halligen sind im Gegensatz zu den Inseln und zur Festlandsküste nicht oder kaum durch Deiche geschützt. Bei Sturmfluten, wie sie im Herbst und Winter häufig sind, drückt der Wind viel Wasser gegen die nordfriesische Küste. Ist er stark genug, dann schauen auf den Halligen nur noch die einzelnen Gehöfte aus dem Wasser. 100 oder 200 Quadratmeter große Inselchen inmitten der tobenden See. Aber sie liegen mehrere Meter hoch über dem Land ringsum, auf sogenannten Warften, künstlichen Erdhügeln, die die Bewohner im Laufe der Jahrhunderte immer höher auftürmten als Schutz gegen den steigenden Meeresspiegel der Nordsee und gegen die Sturmfluten. Und falls das nicht reicht, haben

Halligen sind Rastplatz für Tausende Vögel.

Zur Hamburger Hallig geht es auch per Leihfahrrad.

viele der Häuser noch einen besonderen Schutzraum, der im 1. Stock liegt und mit einem Betonkorsett versehen ist. Er soll auch noch halten, wenn unter dem Ansturm der Wellen einmal das Haus zu bröckeln beginnt. Sieben der Halligen sind noch ständig bewohnt. Zwei bewacht nur ein Vogelwart im Sommer. Eine lässt sich sogar mit dem Auto anfahren: die Hamburger Hallig. Allerdings gegen Wegegeld. Dafür gibt es im Sommer am Ziel eine Kneipe: den Hallig Krog. Die Bademöglichkeit ist gleich nebenan.

i www.halligen.de

Nachbarn – Zwei Halligen mit Eisenbahn

LANGENEß/OLAND. Die mit Abstand größte Hallig ist Langeneß, sie misst fast zehn Quadratkilometer und hat nicht nur eine Kirche, sondern auch einen eigenen Leuchtturm. Nur rund 100 Menschen bevölkern die 16 Warften. Seit 1928 ist Langeneß über die Nachbarhallig Oland mit einer Lorenbahn ans Festland angeschlossen. 900 Millimeter Spurweite, die Schienen waren eine schöne Zweitverwertung der Feldbahn, mit deren Hilfe zuvor der Hindenburgdamm nach Sylt gebaut wurde. Allerdings findet man die Bahn in keinem Kursbuch, und sie verkehrt auch nicht nach Fahrplan. Aber Urlauber, die auf Oland übernachten, dürfen mitfahren, ansonsten dient die Bahn dem Küstenschutz

Die Lorenbahn, Mitfahrt nur bis Oland erlaubt

Der Leuchtturm auf Langeneß

Hallig Oland - Warft und kleiner Hafen

und den Bewohnern. Auf Langeneß gibt es einige Ferienwohnungen sowie das einzige 4-Sterne-Hotel auf einer Hallig. Zudem ist die Insel – wie auch Hallig Hooge – für Rockkonzerte in einmaliger Umgebung berühmt. Auf der Ketelswarf befindet sich noch eines der letzten erhaltenen Friesenhäuser der alten »Uthlande«. Um 1740 für einen Kapitän gebaut, beherbergt es heute das Kapitän-Tadsen-Museum und zeigt einstige Wohnkultur auf den Halligen. Urlauber und Tagestouristen reisen mit dem Schiff über Schlüttsiel an.

Die kleine Hallig Oland hat nur eine einzige Warft und auf der drängt sich der ganze Ort mit seinen 16 Häusern. Auch dieses Eiland kann stolz auf einen eigenen Leuchtturm verweisen – er ist mit 7,45 Metern allerdings Deutschlands kleinster. Und außerdem ist er der einzige, der von einem Reetdach bekrönt wird. Wer hier anreist, hat es etwas einsamer als auf Langeneß.

i Tourist-Information: Ketelswarf 1, 25863 Langeneß,
Tel. 04684-217, www.langeness.de

i www.kulturaufdenhalligen.com

Überrest – Mooriges Bruchstück von Alt-Nordstrand

NORDSTRANDISCHMOOR. Dass die Hallig Nordstrandischmoor überhaupt noch existiert, verdankt sie ihrer Herkunft als Hochmoor. Eigentlich war die Gegend unbewohnt, aber als 1634 die große Flut kam,

Schafe gibt es reichlich.

bot sie wenigstens einigen Bewohnern der zu großen Teilen im Meer verschwundenen Insel Alt-Nordstrand Zuflucht vor der tobenden See. Sie blieben, wurden sesshaft und bauten den Torf im Moor ab. Damals war die Hallig allerdings noch dreimal größer als heute. Erst zu Beginn des 20. Jahrhunderts wurde eine Steinkante gebaut, die das Land vor weiterer Erosion bewahrte. Trotzdem: Die knapp 400-jährige Geschichte der Hallig ist eine vom Kampf ums Überleben in einer Welt ungestümer Naturgewalten.

Heute gibt es noch vier Warften. Auf einer endet auch die Lorenbahn am reetgedeckten Haus. Die Bahn wurde vor rund 80 Jahren gebaut und verbindet die Hallig bei Ebbe mit dem Beltringharderkoog auf dem Festland. Die Lorenbahn bringt auch die Urlauber auf die Hallig – eine Bahnfahrt der besonderen Art. Tagestouristen kommen per Schiff, entweder von Pellworm oder von Nordstrand. Es geht aber auch, allerdings nur mit Führer, zu Fuß vom Festland durchs Watt.

Mit ihren 175 Hektar ist Nordstrandischmoor die fünftgrößte der deutschen Halligen. Es ist eine eigene Welt mit anderthalb Dutzend Bewohnern, mit Schafen und Rindern und einem Naturparadies ringsum, wo seltene Pflanzen gedeihen und viele Seevögel rasten. Es ist schon etwas einsam hier, aber nicht so wie auf Süderoog und Südfall – Halligen, die nur von je zwei Menschen besiedelt sind.

i www.nordstrandischmoor.de

i www.adler-schiffe.de

i www.faehre-pellworm.de

Der Lorenbahnhof

Königspesel - Gute Stube für hohen Besuch

HOOGE. Zehn Warften, knapp 100 Einwohner, rund 600 Hektar groß – das ist die Hallig Hooge. Sie hat gegenüber den anderen Halligen einen unschätzbaren Vorteil: Sie besitzt einen Sommerdeich von 1,20 Meter Höhe, der vor den niedriger auflaufenden Sturmfluten im Sommer schützt. Wenn es heftiger wird, hilft der aber nicht, dann ragen auch hier nur noch die Warften aus dem Wasser.

Die Hallig lebt vor allem vom Tourismus, schon am Fährhafen empfangen Kremserwagen die Tagesgäste und befördern sie zu den Sehenswürdigkeiten der Hallig auf den entfernteren Warften. Es gibt Geschäfte und ein Fremdenverkehrsbüro, mehrere Gaststätten und Imbisse. Die Gastfreundschaft hat hier Tradition, schließlich musste hier einmal der dänische König Friedrich VI. im Juli 1825 unfreiwillig Nachtquartier beziehen, weil ihm ein Sturm die Rückkehr aufs Festland verwehrte. Der war auf die damals zu Dänemark gehörende Hallig gekommen, um die Schäden der schweren Sturmflut vom vorangegangenen Februar zu begutachten. Die Halligbewohner stellten ihm die gute Stube – den Pesel – im schönsten Gebäude zur Verfügung. Dort ist heute ein privates Museum eingerichtet, das älteste in ganz Schleswig-Holstein. Neben dem Pesel selbst mit aufwändigen Deckenmalereien und historischem Ofen sind hier Gegenstände zu sehen, die der einstige Erbauer, ein Kapitän, zusammengetragen hat. 6500 Kacheln in Blau-Weiß aus dem 18. Jahrhundert schmücken die Wände. Gleich nebenan zeigt ein Sturmflutkino, wie es hier aussieht, wenn der Blanke Hans die Nordsee über die Deiche treibt

Der Pferdebus dient als Verkehrsmittel für die Touristen.

Auch ein Kutter ist auf Hooge zu Hause.

Die Warften liegen weit auseinander.

und die Hallig langsam zuläuft. Die Hallig lässt sich gut erwandern – auch jenseits des Dreiecks aus Backens-, Kirch- und Hanswarft, wo die Kremser zahlreich verkehren.
Die Hallig ist von Schlüttsiel, von Strucklahnungshörn auf Nordstrand, von Sylt und Amrum zu erreichen.

- i Tourist-Information: Hanswarft 1, 25859 Hallig Hooge, Tel. 04849-91 00, www.hooge.de
- i www.faehre.de
- i www.adler-schiffe.de
- i www.seeadler-hooge.de
- i www.eilun.de

Prachtvoll: der Königspesel

Storms Heimat – Gar nicht graue Stadt am Meer

HUSUM. Heute ist die Hafen- und Touristenstadt Husum mit ihren 26 000 Einwohnern die »Hauptstadt« des äußersten deutschen Nordwestens. Sie verdankt ihre Bedeutung einer Naturkatastrophe, der verheerenden Sturmflut von 1362. Die Küstenlinie wurde weit landeinwärts verschoben. Von einem Tag zum anderen war Husum nun Küstenstadt. Ihr wohl berühmtester Bewohner Theodor Strom dichtete: »Doch hängt mein ganzes Herz an Dir, Du graue Stadt am Meer«. Das war vor mehr als anderthalb Jahrhunderten und kaum irgendwo ist es inzwischen an der Westküste bunter als in Husum: In weißen, roten und Ockertönen reiht sich ein Giebelhaus ans andere am Binnenhafen, der mitten in die Stadt hineinreicht. Davor in Weiß-Blau das Restaurantschiff »Nordertor«, ein früherer Ausflugsdampfer. Gegenüber in Schwarz-Weiß-Rot ein aufgeslipter ehemaliger Tonnenleger, die »Hildegard«. Sie hat ihren letzten Platz auf der Helling einer ehemaligen Schiffswerft gefunden und wirbt fürs Schifffahrtsmuseum gleich um die Ecke.

Storm verbrachte große Teile seines Lebens in der Hafenstadt, hier schrieb er viele seiner Novellen. Wer sich im November oder Dezember in die kleinen Orte hinter

Schloss vor Husum

Bunte Häuser am Binnenhafen

dem Deich aufmacht, der ahnt, warum dem Dichter gerade hier der »Schimmelreiter« ins Werk galoppierte. Das Storm-Haus in Husum bewahrt sein Andenken sowie das kleine, kuschelige Poetenstübchen, in dem er dichtete.

Storm-Büste im Schlosspark

Husum beherbergt auch das bekannteste Schloss an der Westküste. Obwohl das erst für die Neuzeit stimmt, denn der Bau aus dem 16. Jahrhundert heißt ganz offiziell »Schloss vor Husum«, weil es vor den Toren der Stadt lag. Es ist umgeben von einem Park mit alten Bäumen und breitem Wassergraben. Im Frühjahr blühen hier viele Tausende Krokusse und Husum krönt seine Krokuskönigin.

i Tourist-Information: Großstraße 27, 25813 Husum, Tel. 04841-89870, www.husum-tourismus.de

i Schloss vor Husum, König-Friedrich-V.-Allee, 25813 Husum, Tel. 04841-8 97 31 30, www.museumsverbund-nordfriesland.de Öffnungszeiten: März–Okt. Di–So 11–17 Uhr, Nov.–Feb. Sa–So 11–17 Uhr

i Theodor-Storm-Haus, Wasserreihe 31, 25813 Husum , Tel. 04841-8 03 86 30, www.storm-gesellschaft.de, Öffnungszeiten April–Okt. Di–Fr 10–17 Uhr, Sa 11–17 Uhr, So–Mo 14–17 Uhr, Nov.–März Di, Do, Sa 14–17 Uhr

i Schifffahrtsmuseum Nordfriesland, Zingel 15, 25813 Husum, Tel. 04841-52 57, www.schiffahrtsmuseum-nf.de, Öffnungszeiten: täglich 10–17 Uhr

Im Theodor-Storm-Haus

Ortsregister

Personenregister

Sachregister

Bildnachweis

266 Fotos von Rainer Stephan, ferner:

Babelsberger-fotolia.com S. 178 o.
Bildarchiv Noctalis S. 92, 93
CeGe S. 203 u.
Crimson-fotolia.com S. 142 re., 199
Czauderna, Henry-fotolia.com S. 182, 184
Desico-fotolia.com S. 152
Diel, Ralf S. 222 m.
Förderverein Rigmor S. 178 u.
Franzen, Jörg-fotolia.com S. 6
Friemann, Silvia S. 129
Gemeinde Langeneß S. 222 o.
Gesellschaft der Freunde der mittelalterlichen Burg Lütjenburg S. 137 o., 137 u. re.
Gosch, Ralf-fotolia.com S. 131
G-konzept.de-fotolia.com S. 124
HLPHOTO-fotolia.com S. 179 m.
Hoppe, Ilka S. 221 u.
Jahnke, Jörg-Wolfgang S. 201
Jargstorff, Wolfgang-fotolia.com S. 12, 120, Umschlagfoto
Junge, Thorben S. 111 u. li.
Kameraauge-fotolia.com S. 20
Karl-May-Spiele Bad Segeberg S. 90 u.
Krane-fotolia.com S. 161
Krüttgen, Matthias-fotolia.com S. 157
Landesmuseen Schloss Gottorf S. 146, 147
Mölln Tourismus S. 42 u.
Nielsen, Inga-fotolia.com S. 158 o.
Pixelpicnic-fotolia.com S. 185
Pressedienst Ostholstein S. 111 u. re.
Reichelt, Bärbel S. 206
Schier, Thorsten-fotolia.com S. 139
Schwarz, Torsten-fotolia.com S. 88
Steiner, Carmen-fotolia.com S. 204
Sulupress-fotolia.com S. 145
Sylt Marketing S. 211, 212 o., 213
Tourismus Marketing Service Büsum GmbH S. 189
Tourismuszentrale St.-Peter-Ording S. 200 o.
Tourist Info Großer Plöner See S. 98, 99
Traveldia-fotolia.com S. 149 u.
Travelpeter-fotolia.com S. 106
Vattenfall S. 62
Wikipedia: S. 18 u. li. (C. van Vechten), S. 18 u. mi. (Bundesarchiv), S. 18 u. re. (Blaues Sofa), S. 26 (GOKOVA), S. 31 (R. Barten), S. 38 o. re., 132 u. li. (VollwertBIT), S. 46 o. (Northside), S. 46 u. (J. H. Janßen), S. 54 li. (Bundesarchiv), S. 54 re. (Sendker), S. 60 (unbekannt), S. 86 u., 87 o. (mr.waack@gmx.de), S. 87 u. (Trinsath), S. 100 (J. Müllerchen), S. 102, 103, 110 u. (Genet), S. 126 (Garitzko), S. 133 (Ellingo), S. 143 (H. Ellgaard), S. 151 (E. Schmidt), S. 166 o. li. (Dguendel), S. 172 o. (Nightflyer), S. 173 re. (C. Löser), S. 174 o. (TheBo), S. 174 m. (T. Bolten), S. 174 u. (U. Barghaan), S. 180 (W. Meinhart), S. 183 (C. Stecker), S. 193 (T. Sienicki), S. 198 (joergens.mi), S. 212 u. (M. Gäbler), S. 216 (Pincerno), S. 222 o. (Fragmichnich), S. 227 o. (T. Schramm), S. 227 u. (Klaaschwotzer)
Wolf, Ingrid S. 130, 170 o. und u., 177, 186, 219, 220 u. re.

Literatur

Andresen, Rainer: Geschichte der Wohngänge 1 bis 4. Verlag Neue Rundschau, Lübeck 1981.

Arnold, Volker/Kelm, Rüdiger: Rund um Albersdorf – Ein Führer zu archäologischen und ökologischen Sehenswürdigkeiten. Boyens Buchverlag, Heide 2004.

Banck, Claudia: Mehr wissen über die Halligen. Wachholtz Verlag, Neumünster 2001.

Becker, Martin: Kulturlandschaft Flensburger Förde. Wachholtz Verlag, Neumünster 2006.

Boehart, William: Lauenburg (Reihe Archivbilder). Sutton Verlag, Erfurt 2000.

Eckert, Gerhard: Als die Badekarren rollten – Ostseebäder von Travemünde bis Glücksburg. Hans Christians Verlag, Hamburg 1977.

Fiedler, Walter: Ausflugsziele in Nordfriesland. Breklumer Verlag, Husum 1997.

Gumpert, Gregor/Tucai, Ewald: Nordfriesland und seine Inseln – Ein literarisches Porträt. Wachholtz Verlag, Neumünster 2011.

Hinrichs, Boy: Flutkatastrophe 1634. Wachholtz Verlag, Neumünster 1985.

Karpf, Eva -Maria: Geheimnisvolles Kiel. Wartberg Verlag, Gudensberg-Gleichen 2003.

Kelm, Rüdiger: Auf den Spuren der Dithmarscher Geschichte. Boyens Buchverlag, Heide 2012.

Koops, Wilhelm: Wyker GeZeiten. Husum Druck- und Verlagsgesellschaft, Husum 2010.

Krause, Dagmar: Wilstermarsch und Wilster. Herausgeber: Amt Wilstermarsch.

Kürtz, Jutta: Kiel und seine Förde. Husum Druck- und Verlagsgesellschaft, Husum 2009.

Lüth, Erich: Helgoland, die unzerstörbare Insel. Kabel Ernst Verlag, Hamburg 1979.

Maletzke, Erich: Die Schleswig-Holsteiner, unterhaltsam beschrieben von A bis Z. Wachholtz Verlag, Neumünster 1993.

Pieper-Wöhlk, Hannelore/Wöhlk, Dieter: Der Nord-Ostsee-Kanal, Geschichte eines Jahrhundertbauwerks. Sutton Verlag, Erfurt 2009.

Pieske, Christa: Marzipan aus Lübeck – Der süße Gruß einer alten Hansestadt. Weiland, Lübeck 1997.

Raabe, Walter: Nordfriesland, Köge – Watten – Inseln. Westholsteinische Verlagsanstalt Boyens & Co., Heide 1994.

Reese, Jack: Aussichts- und Denkmaltürme in Schleswig-Holstein. Kultfeinwerk Agentur und Verlag für Industriekultur, Ascheberg 2008.

Schuster, Peter: Holsteinische Schweiz im Verlauf der Schwentine. Boyens Buchverlag, Heide 2008.

Steffen, Uwe: Sagenhaftes Schleswig-Holstein. Eiland Verlag, Sylt 2011.

Stolz, Gerd: Kleine Kanalgeschichte. Westholsteinische Verlagsanstalt Boyens & Co., Heide 1995.

Storm, Theodor/Eversberg, Gerd (Hrsg.) und Mommsen,Theodor: Anekdoten, Märchen, Sagen, Sprichwörter und Reime aus Schleswig-Holstein. Boyens Buchverlag, Heide 2005.

Trende, Frank: Neuland! war das Zauberwort. Boyens Buchverlag, Heide 2011.

von Ullmann, Hellmuth/Hahn, Walter: Wanderungen zu den Herrenhäusern und Gütern im Herzogtum Lauenburg. Kurt Viebranz Verlag, Schwarzenbek 1981.

Wiese, Eigel: Pamir – die Lebensgeschichte eines Segelschiffes. Koehlers Verlagsgesellschaft, Hamburg 1997.

Wisskirchen, Hans: Spaziergänge durch das Lübeck von Heinrich und Thomas Mann. Arche Literatur Verlag, Zürich-Hamburg 1996.

Wolff, Anke: Blauer Himmel – weißer Strand, Fehmarn, Inselgeschichten. Wartberg Verlag, Gudensberg-Gleichen 2010.

100 Jahre »Eiserne Lady« – die Eisenbahnhochbrücke Rendsburg. Herausgeber: Wasser- und Schifffahrtsdirektion des Bundes.

Zum Autor

Rainer Stephan wurde 1954 in Dresden geboren. Der gelernte Elektronikfacharbeiter studierte Ende der 1970er Jahre Journalistik an der Universität Leipzig. Danach arbeitete er als Redakteur bei der »Berliner Zeitung«. 1996 wechselte er nach Schleswig-Holstein. Er zog in die Lübecker Altstadt und war 17 Jahre für die »Lübecker Nachrichten« als Reporter, Redakteur und zuletzt als Chef vom Dienst tätig. Er bereiste viele Regionen Schleswig-Holsteins und schrieb zahlreiche Reportagen über Land und Leute.

Impressum

Die Deutsche Nationalbibliothek verzeichnet diese Publikation
in der Deutschen Nationalbibliografie;
detaillierte bibliografische Daten sind im Internet
über http://dnb.d-nb.de abrufbar.

1. Auflage 2015

Erich-Weinert-Straße 138, 10409 Berlin
Tel.: (030) 41935008, info@steffen-verlag.de, www.steffen-verlag.de

Umschlagfoto: Westerhever Leuchtturm
Foto Seite 6: Hallig Hooge
Foto Seite 14: Schloss Plön

Herstellung: Steffen GmbH, Friedland, www.steffendruck.com

ISBN 978-3-942477-76-5

Haftungsausschluss

Die Angaben in diesem Reiseführer wurden gewissenhaft überprüft. Für die Aktualität, Korrektheit und Vollständigkeit wird keine Haftung übernommen. Aus rechtlichen Gründen wird sich von allen Inhalten der aufgeführten Internet-Seiten distanziert. Auf aktuelle und zukünftige Gestaltung, die Inhalte oder Urheberschaft der angeführten Internet-Seiten besteht kein Einfluss.

WUNDERvolles Reisen

Die WUNDER Deutschlands entdecken – mit journalistischer Kompetenz führen die Autoren Reisende wie Einheimische durch die jeweiligen Bundesländer und stellen Raritäten aus Natur, Architektur, Kunst und Kultur sowie Technik vor. Seien es der schönste Milchladen der Welt, auf dem Kopf stehende Häuser, ein liegender Eiffelturm oder Deutschlands Mittelpunkt. Die reich bebilderten Reiseführer mit ihren detaillierten Beschreibungen sind Ausflugsbegleiter, die faszinierende Geschichte, Geschichten und Ziele für kurzweilige Exkursionen bieten.

280 Seiten, 478 farb. Abb., Flexocover mit Klappen, ISBN 978-3-942477-37-6, 14,95 Euro

256 Seiten, 300 farb. Abb., Flexocover mit Klappen, ISBN 978-3-95799-001-3, 14,95 Euro

302 Seiten, 505 farb. Abb., Flexocover mit Klappen,
ISBN 978-3-942477-15-4, 14,95 Euro

mit Heidi + Eckhart dran vorbei gefahren. Rothenburg ob der Tauber (toll) dann zur Glasbläser + Weihnachtskugel welt in Lauscha umwerfend

254 Seiten, 300 farb. Abb., Flexocover mit Klappen,
ISBN 978-3-940101-91-4, 12,95 Euro

302 Seiten, 536 farb. Abb., Flexocover mit Klappen,
ISBN 978-3-942477-14-7, 14,95 Euro

Aktives Reisen

Die drei Reiseführer bieten Naturfreunden alles, was das Herz begehrt – Wander- und Fahrradrouten, Plätze zum Klettern, Surfen und Segeln, zum Skaten und Angeln sowie Pflanzen-, Tier und Fossilienbeschreibungen zum Entdecken und Bestimmen. Kurz-Infos zu Schwierigkeitsgrad, Dauer und Entfernung erleichtern die Ausflugsplanungen – gastronomische Tipps eingeschlossen.

160 Seiten, 220 farb. Abb., Broschur,
ISBN 978-3-95799-002-0, 12,95 Euro

240 Seiten, 290 farb. Abb., Broschur,
ISBN 978-3-942477-77-2, 14,95 Euro

144 Seiten, 210 farb. Abb., Broschur,
ISBN 978-3-942477-78-9, 12,95 Euro

Grenzenloses Reisen

Die drei handlichen Reiseführer begleiten in die deutsch-polnische Grenzregion an Oder und Neiße, bieten Entdeckungen beidseits der Flüsse von der Ostsee bis zum Neißeland in einem Korridor von 60 bis 80 Kilometer ins jeweilige Landesinnere hinein. Historisch sensibel und unterhaltsam geschrieben, mit Registern, Karten und kleinem Sprachführer versehen.

Weichsel Hochwasser Vati hat hier Tiere gehütet

160 Seiten, 230 farb. Abb., Klappenbroschur, ISBN 978-3-942477-73-4, 12,95 Euro

208 Seiten, 325 farb. Abb., Klappenbroschur, ISBN 978-3-942477-74-1, 12,95 Euro

208 Seiten, 328 farb. Abb., Klappenbroschur, ISBN 978-3-942477-75-8, 12,95 Euro

Top 11 im Überblick